인정향투人靜香透

인정향투人靜香透

초판 1쇄 인쇄 2011년 06월 10일
초판 1쇄 발행 2011년 06월 17일

지은이 | 이용수
펴낸이 | 손형국
펴낸곳 | (주)에세이퍼블리싱
출판등록 | 2004. 12. 1(제315-2008-022호)
주소 | 서울특별시 강서구 방화3동 316-3번지 한국계량계측조합 102호
홈페이지 | www.book.co.kr
전화번호 | (02)3159-9638~40
팩스 | (02)3159-9637

ISBN 978-89-6023-609-7 93900

문인文人의 지취旨趣 I

- 모암논선 茅岩論選 I

인정향투

모암문고茅岩文庫 The Moam Collection

이용수李庸銖 Lee, Yong-Su

한양전경漢陽全景〉

우리 선조의 예술, 작품과 작품활동에 깃들어 있는
깊은 뜻을 찾아

먼저 모암문고茅岩文庫 The Moam Collection의 논문집 창간소식을 듣게 되어 기쁩니다. 개인적으로 모암문고와 조부님 때부터 깊은 인연을 맺고, 물론 자주 만나지는 못하지만, 지금까지 선대로부터의 아름다운 인연을 이어가고 있어 위 소식이 더욱 반가운 이유입니다.

논문집 '인정향투人靜香透 (인적이 고요한데 향이 사무친다) -모암논선 茅岩論選'의 창간은 모암문고 개인사적으로 큰 의미를 지니고 있지만 사실 우리 모두에게도 중요한 일이라 하지 않을 수 없습니다. 모암문고의 이 작업들이 현재의 우리로부터 점점 멀어지고 있는 예술의 전통적 그리고 근본적인 의미들을 찾아가는 일이기 때문입니다. 저는 예술분야에 문외한인 경제학자이지만 현대의 예술이 점점 상업성이 짙어지고 전통적인 것에서 멀어져가고 있음을 느낍니다. 물론 제가 현대의 미술경향이 올바른 것인지 잘못된 것인지 말하기 힘들고 판단할 수도 없지만, 내 선조 나아가 우리 선조(or 조상)들의 예술을 대하는 태도와 그에 따른 작품활동, 작품들에 깃들어 있는 깊은 의미들을 찾아가는 작업들은 꼭 필요하고 그 의미가 크다 할 수 있습니다.

국제회의 등에 참석하여 많은 타국 분들을 만나고 대하면서 우리의 역사와 문화를 해박하고 유창하게 설명하는 일이 얼마나 힘들고 중요한 일인지 절실히 느끼고 있습니다. 모암문고의 이 작은 시작이 우리 모두의 가슴에 전통문화의 중요성을 알리는 큰 울림으로 다가오기를 진심으로 바라마지 않습니다.

이 창 용

전 G20 정상회의 준비위원회 기획조정단 단장,
현 Chief Economist Economics and Research Department,
Asian Development Bank

옛 문화가 그리운 것은 사람이 그리워서일까요?

　바쁘게 살면서, 사람이 그리울 때가 있습니다. 아니, 볼 수 없는 옛 시절이 그리울 때가 있습니다. 옛 서화는 마음 속 깊이 담아둔, 그리운 사람들을 생각나게 합니다. 아련하면서도, 기대어 편안하고 싶은….

　옛 문화가 그리우면서도, 가까이 두지 못하는 요즈음, "인정향투"가 발간되었다는 소식은 무척 반가우면서, 나 자신을 자책하게 합니다. 그리고 고서화에 대한 깊은 사랑을 갖고 계신 아버님과 모암문고의 깊은 인연을 다시 한 번 되새기게 됩니다. 특히 첫 머리에 나에게는 익숙한 그림들을 소개한 저자의 마음 씀에 감사드리고 싶습니다.

　옛 선인들의 정취가 남아 있는 그림을 그저 바라만 보는 많은 이들에게, 그 의미를 상세히 소개한 저자의 노력은 우리에게 큰 선물이라 생각됩니다. 더욱이 이 책을 시작으로 연작을 계속 이어간다고 하니, 그저 반갑기만 합니다. 문화는 공유할 때 더 빛이 납니다. 아무쪼록, 저자의 문화전도사로서의 역할이 앞으로 더욱 빛이 나기를 기대합니다.

관악산 기슭에서

정충기 *성충기*

서울대학교 공과대학 건설환경공학부 교수

우리의 전통 문화와 예술을 이해하는 등불이 되기를 빌며

　전통문화를 찾고 또 계승·발전시키는 일은 점차 지구촌화 되어가는 현 시대를 살고 있는 우리 모두에게 그 중요성이 더욱 커지고 있습니다. 급변하는 세계화의 물결 속에 표류하지 않고 자신의 정체성을 지켜나가기 위해서는, 우리 정신문화의 총체를 보여주는 전통 문화와 예술에 대한 이해가 필수적이라고 생각됩니다.

　이처럼 전통 문화와 예술의 중요성을 인식하면서도 이런 저런 사정으로 문화 및 예술과는 거리가 먼 삶을 살아가던 중, 반갑게도 모암문고 (茅岩文庫, The Moam Collection)의 논문집, '인정향투(人靜香透: 인적이 고요한데 향이 사무친다) -모암논선(茅岩論選)'의 창간 소식을 접하게 되었습니다. 동 논문집의 발간을 매개로 우리 예술작품들에 관한 정밀하고 세세한 연구를 통하여 우리 정신문화와 예술의 근본 뜻을 찾아 많은 다른 독자들과 교유하려는 저자의 노력은 그 의의가 깊다고 생각됩니다. 또한, 앞으로 지속적인 논문집 발간을 통해 우리의 전통 문화 및 예술 작품들에 대한 연구를 확대할 계획이라고 하니, 후속 논문집의 발간 또한 기대되는 바입니다.

　선조들이 남겨주신 위대한 정신적 자산들을 발굴하고 연구하여, 이들의 본질적 의미를 우리들과 또 우리 후손들에게 올바로 전하려는 모암문고와 저자의 노력이 앞으로 우리의 정체성을 재발견하

고 우리나라가 세계로 뻗어나가는 밑거름이 되기를 진심으로 기원
합니다.

이승재

아시아개발은행 근무(Principal Financial Sector Specialist),
전 기획재정부 과장

인정향투人靜香透!

'인적이 고요한데 향이 사무친다!'는 추사 김정희 선생의 문구를 책의 제목으로 삼았습니다. 이 책의 내용이 독자 여러분께 그윽하고 향기로운 난과 같은 향기로 남기를 바라는 마음에서입니다.

『인정향투』는 한 번의 간행으로 끝나는 단행본이 아닌 개인 컬렉션인 '모암문고茅岩文庫 The Moam Collection'의 소장품들을 기반으로 한 작품들과 그 관련 작품들을 소개하고 이에 관한 연구 논문을 담아 연속 간행물의 모습으로 독자 여러분께 선을 보여 작품들에 담기어 있는 의미와 가치를 함께 나누고자 합니다.

사실 개인소장품들을 선별·정리하고 연구하여 도록과 논문의 형태로 공표하는 작업이 늦은 감이 없지 않지만 이 첫 작품집을 시작으로 여러분과의 교유交遊를 생각하니 가슴이 벅차오릅니다. 부족할지 모르지만 저희의 바람대로『인정향투』를 매개로 서로 뜨거운 마음을 나누어 이 책 '인정향투'의 근본 뜻인 예술의 올바른 의미와 그 가치가 오롯이 독자 여러분의 가슴 속에 은은한 난초의 향기로 가득 차기를 희망합니다.

2011년 5월 22일

 모암문고 이용수 올림

목차

작품

I

서원아회첩西園雅會帖

▲옥동척강玉洞陟崗

I-1. 정선鄭敾 (1676~1759), 《서원아회첩西園雅會帖》 중 〈옥동척강玉洞陟崗〉

(기미년己未年 여름, 1739), 견본담채絹本淡彩, 34.5×34.0㎝, 개인소장

▲서원아회(기)西園雅會(記)

I-2. 이춘제李春躋 (1692~1761),《서원아회첩西園雅會帖》중 〈서원아회(기)西園雅會(記)〉

(기미년己未年 여름, 1739), 개인소장 (사진촬영 1975년 이영재)

▲서원소정西園小亭

I-3. 정선鄭敾,《서원아회첩西園雅會帖》중〈서원소정西園小亭〉
(경신년庚申年, 1740), 견본담채絹本淡彩, 67.5 x 40.0cm, 개인소장

▲한양전경漢陽全景

I-4. 정선鄭敾,《서원아회첩西園雅會帖》중 〈한양전경漢陽全景〉
(경신년庚申年, 1740), 견본담채絹本淡彩, 67.5 x 40.0cm

▲서원소정기西園小亭記

I-5. 조현명趙顯命 (1691~1752),《서원아회첩西園雅會帖》중
〈서원소정기西園小亭記〉(경신년庚申年 여름, 1740), 지본수묵紙本水墨,
개인소장 (사진촬영 1975년 이영재)

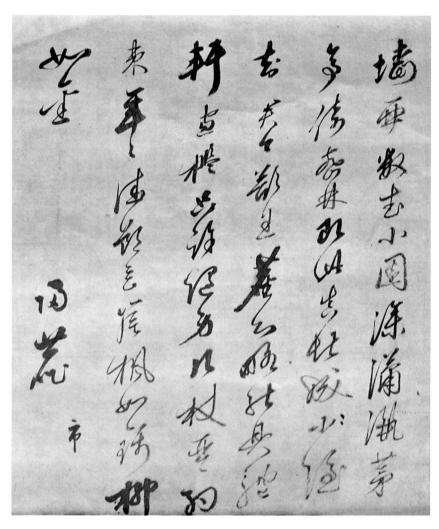

▲귀록(조현명) 제시題詩 II

I-6. 조현명趙顯命,《서원아회첩西園雅會帖》중 귀록(조현명) 제시題詩 II,
지본수묵紙本水墨, 34.5 x 34.0cm

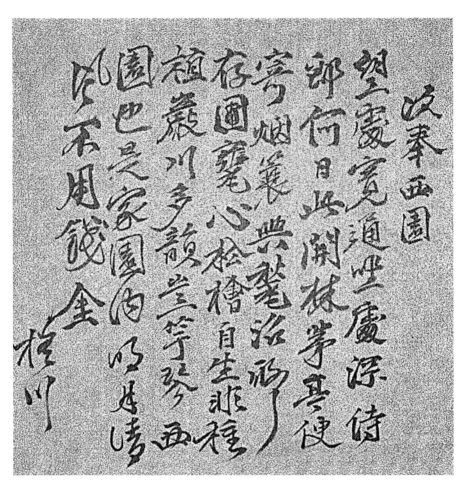

▲사천(이병연) 제시題詩

I-7. 이병연李秉淵 (1671~1751),《서원아회첩西園雅會帖》중 사천(이병연) 제시題詩,
지본수묵紙本水墨, 34.5 x 34.0cm, 개인소장

퇴우이선생진적첩退尤二先生眞蹟帖

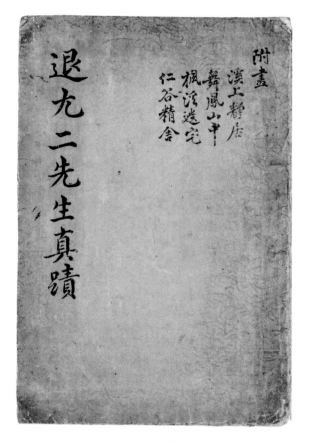

▲ II-1. 앞표지
이황李滉 (1501~1570), 송시열宋時烈 (1607-1689), 정선鄭敾 (1676~1759),
이병연李秉淵 (1671~1751), 정만수鄭萬遂 (1710~1795) 외,
《퇴우이선생진적첩退尤二先生眞蹟帖》중 〈앞표지〉, 1746년, 보물 585호,
지본수묵紙本水墨, 각 32.5 x 22.3cm

▲ II-2. 계상정거溪上靜居

정선鄭敾,《퇴우이선생진적첩退尤二先生眞蹟帖》중 〈계상정거溪上靜居〉,
1746년, 보물 585호, 지본수묵紙本水墨, 각 32.5 x 22.3cm x 2면

▲II-3. 회암서절요서晦庵書節要序
이황李滉,《퇴우이선생진적첩退尤二先生眞蹟帖》중 〈회암서절요서晦庵書節要序〉,
1746년, 보물 585호, 지본수묵紙本水墨, 각 32.5 x 22.3cm x 2면

▲ II-4. 회암서절요서晦庵書節要序

이황李滉, 《퇴우이선생진적첩退尤二先生眞蹟帖》 중
〈회암서절요서晦庵書節要序〉, 1746년, 보물 585호,
지본수묵紙本水墨, 각 32.5 x 22.3cm x 2면

▲ II-5. 송시열宋時烈 발문 2편 (右), 정만수鄭萬遂 발문 (左)
송시열宋時烈, 정만수鄭萬遂,《퇴우이선생진적첩退尤二先生眞蹟帖》중
〈우암尤庵 (송시열) 발문 2편, 정만수鄭萬遂 발문〉, 1746년, 보물 585호,
지본수묵紙本水墨, 각 32.5 x 22.3cm x 2면

▲II-6.〈무봉산중舞鳳山中〉(右),〈풍계유택楓溪遺宅〉(左)
정선鄭歚,《퇴우이선생진적첩退尤二先生眞蹟帖》중〈무봉산중舞鳳山中 (右),
풍계유택楓溪遺宅 (左)〉, 1746년, 보물 585호, 지본수묵紙本水墨, 각 32.5 x 22.3cm

▲ II-7. 〈인곡정사仁谷精舍〉(右), 〈이병연李秉淵 제시〉(左)

정선鄭歚, 이병연李秉淵,《퇴우이선생진적첩退尤二先生眞蹟帖》중
〈인곡정사仁谷精舍 (右), 이병연李秉淵 제시 (左)〉, 1746년, 보물 585호,
지본수묵紙本水墨, 각 32.5 x 22.3cm

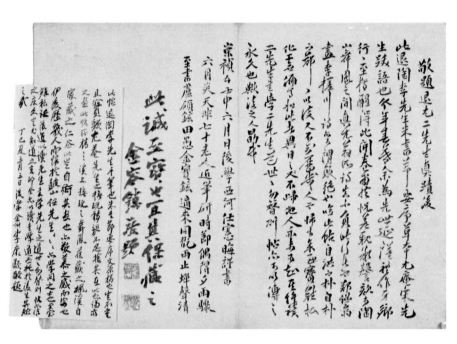

▲ II-8. 〈임헌회任憲晦 발문〉 (右), 〈김용진金容鎭 발문〉 (左), 〈이강호李康灝 발문(별지)〉
임헌회任憲晦 (1811~1876), 김용진金容鎭 (1878~1968), 이강호李康灝 (1899~1980),
《퇴우이선생진적첩退尤二先生眞蹟帖》 중 〈임헌회任憲晦 발문 (右), 김용진金容鎭 발문
(左), 이강호李康灝 발문(별지)〉, 1746년, 보물 585호, 지본수묵紙本水墨, 각 32.5 x 22.3cm

▲II-1. 뒷표지

이황李滉 (1501~1570), 송시열宋時烈 (1607-1689), 정선鄭敾 (1676~1759),
이병연李秉淵 (1671~1751), 정만수鄭萬遂 (1710~1795) 외,《퇴우이선생진적첩退尤
二先生眞蹟帖》중〈뒷표지〉, 1746년, 보물 585호,
지본수묵紙本水墨, 각 32.5 x 22.3cm

▲김정희金正喜 (1786~1856), 〈인정향투란人靜香透蘭〉,
지본수묵紙本水墨, 36.0×35.7cm

논고 및 설명

I

《서원아회첩》의 재구성

서원아회첩西園雅會帖의 재구성
-《서원아회첩西園雅會帖》을 통해 본 조선시대 사대부의
풍류사상과 아회첩의 가치

모암문고茅岩文庫 The Moam Collection 이용수李庸銖

01

서序

《서원아회첩西園雅會帖》은 기미년己未年(영조 15년, 1739) 여름 조선시대 문인들인 조치회趙稚晦[1], 송원직宋元直[2], 서국보徐國寶[3], 심시서沈時瑞[4], 조군수趙君受[5], 정선鄭敾[6], 이병연李秉淵[7] 8인人[8]이 당시 도승지都承旨(지신사知奏事)로 있던 이춘제李春躋(1692~1761)의 집 후원인 서원西園과 그 정자인 서원소정西園小亭에서 모여 가졌던 가회嘉會[9]를 글과 그림으로 기록한 매우 의미 있고 소중한 시화첩詩畵帖이라 할 수 있다. 이《서원아회첩西園雅會帖》의 귀중함이 더한 것은 귀록歸鹿 조현명趙顯命(1691~1752) 등 당시 참가자 전원의 시詩 등 기록이 전할 뿐 아니라 이 아회의 기록을 조선시대 화성이라 일컬어지는 겸재謙齋 정선鄭敾(1676~1759)이 5폭의 화면에 담았고 이와 더불어 당대 시성詩聖이라 불리던 사천槎川 이병연李秉淵(1671~1751)의 시가 합장 되어 있었기 때문이다.[10] 또한《서원아회첩西園雅會帖》중 아회가 어떻게 이루어지게 되었고 어떻게 진행되었으며 파했는지 그리고 이춘제의 집 후원과 그 모정에 관한 설명 등 그 자세한 기록이 전하기 때문에 18세기 당시 조선시대 양반들의 아회雅會 모습의 한 전형을 잘 보여주고 있어 그 의미하는 바가 크다.

아회雅會란 문인들의 사적인 모임을 일컫는데 '아회雅會'라는 단어의 의미로 알 수 있듯 시문 풍류가 어우러진 고상하고 우아한 모임이라 할 수 있다. 국립국어원 표준국어대사전에서 그 의미를 살펴보면,

'글을 지으려고 모이는 모임, 아담한 모임[11]'

이라 설명되어 있으나 앞서 언급했듯 '시문 풍류가 어우러진 문인들의 고상하고 우아한 사적인 모임'이 좀 더 적확한 설명이라 생각한다.

▲도 1. 김홍도, 〈서원아집西園雅集 6곡병〉, 1778, 견본채색絹本彩色,
122.7×47.9㎝, 국립중앙박물관

아회雅會는 그 정확한 연원을 밝히기는 어려우나[12] 문인들의 아회雅會 혹은 아집雅集의 전형은 북송대北宋代 이공린이 그렸다고 전해지는 '서원아집도西園雅集圖[13]'에서 찾을 수 있다. 서원아집도는 북송 원우 원년(1086) 변경汴京(開封)에 있던 왕선王詵(1036~1104)의 저택 서편 정원에서 소식蘇軾(1036~1101), 채조蔡肇, 이지의李之儀, 소철蘇轍(1039~1112), 황정견黃庭堅, 이공린李公麟, 조보지晁補之(1053~1110), 유경劉逕(1043~1100), 장래張來(1046~1106), 진관秦觀(1049~1101), 미불米芾(1051~1107), 정정로鄭靖老), 왕공王鞏, 진경원陳景元, 왕흠신王欽臣, 원통대사圓通大師 등 16인[진사도陳師道(1052~1102)를 더하여 17인이라고도 한다]의 문인 묵객이 잔치를 벌이며 풍류를 즐기는 정경을 그린 그림으로 이공린이 그리고 미불이 기記(서원아집도기西園雅集圖記)를 썼다고 전하나 그림은 전하지 않고 미불의 기記만 법첩法帖[14]으로 전하는데 이후 이 미불의 기記 내용을 근거로 많은 서원아집도(도1)가 그려졌다[15]. 미불이 썼다는 〈서원아집도기西園雅集圖記〉를 살펴보면 아회雅會 혹은 아집雅集의 형식과 성격 등을 보다 상세히 알 수 있다.

西園雅集圖記

李伯時效唐小李將軍爲著色泉石雲物草木花竹, 皆妙絶動人。而人物秀發, 各肖其形, 自有林下風味, 無一點塵埃氣, 不爲凡筆也。其烏帽黃道服捉筆而書者爲東坡先生。仙桃巾紫裘而坐觀者爲王晉卿。幅巾靑衣據方几而凝竚者爲丹陽蔡天啓。捉椅而視者爲李端叔。後有女奴, 雲鬟翠飾, 侍立自然, 富貴風韻, 乃晉卿之家姬也。孤松盤鬱, 後有凌霄花纏絡, 紅綠相間, 下有大石案, 陳設古器瑤琴, 芭蕉圍繞, 坐於石盤旁, 道帽紫衣, 右手倚石, 左手執卷而觀書者爲蘇子由

團巾繭衣, 手秉蕉箑而熟視者爲黃魯直。幅巾野褐, 據橫卷畫淵明歸去來者爲李伯時。披巾靑服, 撫肩而立者爲晁無咎。跪而捉石觀畫者爲張文潛。道巾素衣, 按膝而俯視者爲鄭靖老, 後有童子執靈壽杖而立。二人坐於蟠根古檜下, 幅巾靑衣 袖手側聽者爲秦少游；琴尾冠紫道服撥阮者爲陳碧虛。唐巾深衣, 昂首而題石者爲米元章。幅巾袖手而仰觀者爲王仲至。前有鬅頭頑童捧古硯而立。後有錦石橋, 竹徑繚繞於淸溪深處, 翠陰茂密, 中有袈裟坐蒲團而說無生論者爲圓通大師, 傍有幅巾褐衣而諦聽者爲劉巨濟, 二人並坐於怪石之上, 下有激湍潨流於大溪之中, 水石潺湲, 風竹相吞, 爐煙方裊, 草木自馨。人間淸曠樂不過此。嗟乎！洶湧於名利之場而不知退者豈易得此耶？ 自東坡而下, 凡十有六人, 以文章議論, 博學辨識, 英辭妙墨, 好古多聞, 雄豪絶俗之姿, 高僧羽流之傑, 卓然高致。後之覽者, 不獨圖畫之可觀, 亦足仿佛其人耳[16]。

"이백시(이공린)가 당의 소이장군을 본받아 착색[17]하였는데 샘과 바위, 운물[18], 꽃과 대나무 모두 절묘하여 사람을 감동시킨다. 그리고 인물화에 뛰어나 각각 그 형상을 닮았으며, 스스로 탈속한 풍미가 있어 한 점 속세의 기운도 없으니, 범상한 필치가 아니다. 검은 모자 쓰고 누런 도의 입고 붓을 잡고 글씨를 쓰는 이는 동파선생(소식)이다. 복숭아 빛 두건과 자주색 옷을 입고 앉아서 보는 이는 왕진경(왕선)이다. 복건 쓰고 푸른 옷을 입고 방궤(사각탁자)에 의지해 우두커니 바라보고 있는 이는 단양 채천계(채조)이다. 의자에 앉아 옆으로 기대어 보고 있는 이는 이단숙(이지의)이다. 뒤에는 계집종이 쪽진 머리에 비취 장식을 하고, 부귀하고 우아한 모습으로 왕진경을 모시면서 서 있는 모양이다. 오래된 소나무 울창하고 뒤에는 능소화가 얽어져 붉은빛과 초록빛이 섞여 있고, 그 아래 큰 상석이 놓여 있어 고기古器와 금琴을 올려놓았으며 그 주위에는 파초가 드리워져 있다. 돌탁자 곁에 앉아 도인의 모자를 쓰고 자줏빛 옷을 입고 오른손은 의자에 기대고 왼손은 책을 집어든 채 그림을 보는 이는 소자유(소철)이다. 둥근 두건 쓰고 비단옷 입고 한손에 파초 부채를 잡은 채 자세히 바라보는 이는 황노직(황정견)이다. 복건 쓰고 거친 갈옷 입고 두루마리(횡권)에 도연명의 귀거래를 그리는 이는 이백시(이공린)이다. 피건 쓰고 푸른 옷 입고 어깨를 만지며 서 있는 이는 조무구(조보지)이다. 무릎을 꿇고 앉아 돌탁자를 잡은 모습으로 그림을 보는 이는 장문잠(장래)이다. 도건 쓰고 흰옷 입고 무릎을 누른 모습으로 기대어 그림을 보는 이는 정정로이며, 뒤에는 사내아이가 영수장(영수목으로 만든 지팡이)을 잡고 서 있다. 굵은 가지가 휘감아 올라간 늙은 노송 아래 두 사람이 앉아 있는데, 복건 쓰고 푸른 옷 입고 소매에 손을 넣은 모습으로 듣고 있는 이는 진소유(진관)이고, 금미관 쓰고 자줏빛 도의 입은 모습으로 완(阮, 월금)을 연주하는 이는 진벽허(진경원)이다. 당건 쓰고 심의深衣 입고 돌벽 위에 시를 적고 있는 이는 미원장(미불)이다. 복건 쓰고 소매에 팔을 넣은 모습으로 바라보고 있는 이는 왕중지(왕흠신)이다. 앞에는 흐트러진 머리를 시동이 오래된 벼루를 들고 서 있다. 뒤에는 금석교가 있고, 대숲 길은 깨끗한 시내 깊은 곳으로 감겨드니 푸른 그늘이 우거져 빽빽하다. 그 대숲그늘 가운데 가사 입고 부들방석에 앉아 무생론을 이야기하는 원통대사, 복건 쓰고 갈옷 입고 겸손하게 듣고 있는 유거제(유경), 두 사람은 모두 너른 바위 위에 나란히 앉아 있다. 아래에는 빠르게 흐르는 여울이 있어 큰 시내 가운데로 모여 흐르는데, 물과 돌은 잔잔히 흐르고 바람과 대는 서로 어울리며, 향로의 연기는 가늘게 흔들리고, 초목은 절로 향기롭기만 하다. 세상 청광한 즐거움이 이보다 낫지 않으니 아! 명리에 들끓어 물러날 바를 알지 못하는 자가 어찌 이를 쉽게 얻겠는가? 소동파로부터 모두 열여섯 사람이 문장으로 의논하는데, 박학변식하고, 훌륭한 말과 절묘한 글이요, 옛것을 좋아하고 들은 것이 많으며, 영웅호걸의 절속한 풍채와 고승·도사의 걸출함이 빼어나고 고상하다. 후에 보는 이는 다만 그림만이 아니라 그림을 보며 또한 그 사람을 방불[19]하는 것으로 족할 것이다."

이 북송 원우 원년(1086) 변경汴京(開封)에 있던 왕선王詵 (1036~1104)의 저택 서편 정원에서 이루어졌던 동파東坡 소식蘇軾 (1036~1101), 채조蔡肇, 이지의李之義 등 17인의 명사 문인들의 모임을 기미년己未年(영조 15년, 1739) 여름 조선시대 명사 문인묵객

文人墨客 8인[이중희李仲熙(이춘제李春躋), 조치회趙稚晦(조현명趙顯命), 송원직宋元直(송익보宋翼輔), 서국보徐國寶(서종벽徐宗璧), 심시서沈時瑞(심성진沈星鎭), 조군수趙君受(?), 정선鄭敾, 이병연李秉淵]이 당시 인왕산 기슭에 위치해 있던 이춘제李春躋 (1692~1761)의 집 후원 서원西園과 그 정자인 서원소정西園小亭에서 재현하게 되었는데, 앞서 간략하게 언급했듯, 이 모임을 글과 그림으로 기록하여 이 기록들을 모아 시화첩詩畵帖으로 꾸며놓은 것이《서원아회첩西園雅會帖》이다.[20]

이《서원아회첩》은 첩이 온전한 형태로 전하지 않고 첩 내內의 글과 그림들이 각 개인들에게 나뉘어 전해지고 있어 전체적인 연구가 이루어지지 못하고 부분적인 연구만이 이루어 질 수밖에 없었다. 따라서 본 논고 역시《서원아회첩》의 전면全面을 다루지 못한 불완전한 논고가 될 수밖에 없는 한계를 가지고 있다. 하지만 귀록歸鹿 조현명趙顯命과 사천李秉淵 이병연李秉淵의 시서詩書 등 새로운 자료의 발견으로 불완전하게나마 첩의 전체모습을 추정해 보려 한다. 먼저 아회첩의 구성과 첩에 담긴 기記, 시서詩書들의 내용을 살펴 이 첩의 연원淵源을 밝히고, 이춘제 자신이 기록한 〈서원아회기西園雅會記〉와 귀록이 손수 적은 〈서원소정기西園小亭記〉의 내용 확인을 통하여 18세기 조선에서 성행했던 양반문인들의 아회雅會(아집雅集)와 풍류의 한 모습을 알아보려 한다. 또한, 이 첩에 담긴 겸재의 다섯 폭 산수화와 남아 있는 제시들을 살피고, 각각의 작품에 담겨 있는 의미와 겸재 산수와의 관계를 밝혀,

이《서원아회첩西園雅會帖》의 가치와 역사적 의미를 찬찬히 되짚
어보자.

---

1) 조현명趙顯命, 1691(숙종 17)~1752(영조 28). 조선 후기의 문신. 본관은 풍양豊壤. 자는
   치회稚晦, 호는 귀록歸鹿·녹옹鹿翁. 도사都事 인수仁壽의 아들이다.
   1713년(숙종 39) 진사가 되고 1719년 증광문과에 병과로 급제, 검열을 거쳐 1721년(경종
   1) 연잉군(延礽君:뒤의 영조)이 왕세제로 책봉되자 겸설서兼說書로서 세제보호론을 주
   창, 소론의 핍박으로 곤경에 처하여 있던 왕세제 보호에 힘썼다.
   영조 즉위 후 용강현령, 지평·교리를 역임하고 1728년(영조 4) 이인좌李麟佐의 난이 발
   생하자 사로도순무사四路都巡撫使 오명항吳命恒 으로 종군, 난이 진압된 뒤 그 공으
   로 분무공신奮武臣 3등에 녹훈, 풍원군豊原君에 책봉되었으며, 이후 대사헌·도승지
   를 거쳐 1730년 경상도관찰사로 나가 영남의 남인을 무마하고 기민饑民의 구제에 진력
   하였다.
   이어 전라도관찰사를 지낸 뒤 1734년 공조참판이 되면서부터 어영대장·부제학, 이조·
   병조·호조판서 등의 요직을 두루 역임하고 1740년 경신처분 직후 왕의 특별 배려로 우
   의정에 발탁되고 뒤이어 좌의정에 승진하였다.
   이때 문란한 양역행정의 체계화를 위한 기초작업으로서 군액軍額 및 군역부담자 실제
   수의 파악에 착수, 이를 1748년 《양역실총良役實總》으로 간행하게 하였다.
   1750년 영의정에 올라 균역법의 제정을 총괄하고 감필에 따른 대책 마련에 부심하였으
   나 대간 민백상閔百祥의 탄핵을 받아 영돈녕부사로 물러났다.
   조문명·송인명宋寅明과 함께 영조조 전반기의 완론세력을 중심으로 한 이른바 노소탕
   평을 주도하였던 정치가인 한편 민폐의 근본이 양역에 있다 하여 군문·군액의 감축, 양
   역재정의 통일, 어염세의 국고환수, 결포제 실시 등을 그 개선책으로 제시한 경세가이기
   도 하였다.
   당색을 초월하여 진신縉紳 사이에 교유가 넓었는데 김재로金在魯·송인영·박문수朴文
   秀 등과 특히 친밀하였다.
   저서로는 《귀록집》이 있고, 《해동가요》에 시조 1수가 전하고 있다. 시호는 충효忠孝
   이다.
   * 조현명의 탄생 년은 대부분의 조현명 관련 자료에서 보이는 1690년(숙종 16)이 아니라
   1691년(숙종 17) 이 옳다. 조현명은 자신이 생전에 손수 편집한《귀록집》중 권후卷後
   에 자저기년自著紀年을 붙였는데 그 부분을 살펴보면 다음과 같다.

   歸鹿集卷之二十

   余以肅宗卽位之十七年辛未十月庚子二十二日癸卯癸丑時。生于乾洞大第。先君夢
   以小兒。其新恩幞袍。謁始林君廟。始林君。祖妣洪夫人外祖。覺則已生。喜曰。兒
   必早貴也。邀卜者金秋星推命。秋星賀曰。此大人之命也。
   壬申。二歲。是年春。闔家遭癘。三月二十一日。先君下世。余亦幾死而蘇。冬。與叔
   氏文忠公。經痘。

이 기록 첫 부분을 살피면 귀록 조현명 자신의 생시를 밝힌 '余以肅宗卽位之十七年辛未'라는 문구를 볼 수 있다. 현재 전하는 《귀록집》이 타인에 의해 필사된 '필사본'인 점을 감안하면 오기의 가능성이 아주 없는 것은 아니나 이본 필사본 자저기년에서도 동일한 내용이 발견되는 것으로 보아 오기의 가능성이 낮다 할 수 있다.

[조선왕조실록朝鮮王祖實錄, 네이트(NATE) 한국학, 한국역대인물 종합정보시스템,《국조문과방목國朝文科榜目》,《사마방목司馬榜目》, 규장각 한국학연구원, 귀록집 참조]

2) 송익보宋翼輔, 1689(숙종 15)~? 조선 후기의 문신. 본관은 여산礪山. 자는 원직元直. 정명正明의 아들이다. 경기도 용인 출신.
1714년(숙종 40) 진사과에 합격한 뒤 교관(敎官)을 거쳐 1731년(영조 7) 강서현령으로 재직하면서 선정을 베풀어 임금에게까지 알려졌다.
1740년 증광문과에 병과로 급제, 승지를 지내고, 다음해 충청도관찰사로 재직 중 인척 송익휘宋翼輝 사건에 연루되어 삭직되었다.
1742년 대사간을 거쳐 그 다음해 평안도를 순찰하고 서울로 돌아와 그 지방의 군비 실태와 군민軍民의 어려움을 사실대로 보고하여 정책에 반영하였다.
1744년 황해도관찰사, 다음해에 대사간·승지, 1747년 대사간을 역임하였다.
[조선왕조실록朝鮮王祖實錄, 네이트(NATE) 한국학, 한국역대인물 종합정보시스템,《국조문과방목國朝文科榜目》,《사마방목司馬榜目》 참조]

3) 서종벽徐宗璧, 1696(숙종 22)~1751(영조 27). 조선 후기의 문신. 본관은 달성(達城). 자는 국보國寶.
성오渻의 현손이며, 아버지는 판서 문유文裕이다.
25세에 진사에 올라 동몽교관童蒙敎官에 보임된 뒤, 삼척부사·사용원첨정司饔院僉正을 역임하였다. 어가御駕를 따라 온양의 행재소行在所에 이르렀다가 온양군수에 임명되었으며, 뒤에 목사까지 지냈다.
56세 되던 해 임지에서 세상을 떠났다.
1771년(영조 47) '강감綱鑑의 사건'에 연루되어 사후에 생전의 관작을 삭탈당한 바 있다.

* 강감綱鑑의 사건
강감이란 청나라 주린朱璘이 지은 사서《강감회찬綱鑑會纂》을 이르는데, 이 사서 중 명나라의 역사를 서술한 〈명기집략明紀輯略〉 부분에 태조 이성계가 고려의 권신 이인임의 아들이라는 잘못된 내용과 선조가 술에 빠져 국방을 소홀히 했고, 인조가 임금 자리를 찬탈했다고 주장하는 등의 내용이 담겨 있어 이에 격분한 영조는 청에 우의정 김상철을 파견해 주린朱璘을 처벌할 것과《강감회찬綱鑑會纂》의 소각을 요구했을 뿐 아니라 책을 가진 사람은 자수하기를 명하는 동시에 책 중개상인 책주름들을 체포해 책을 판 곳을 실토케 했다. 이 과정에서 이희천李羲天 등이 잡혀와 이희천은 죽임을 당하였고 타 연루자들도 처형당하거나 유배되었다. 그리고《강감회찬綱鑑會纂》중 〈명기집략明紀輯略〉을 조사하는 과정에서 찍힌 도인이 서종벽의 인장으로 밝혀짐에 따라 지평 홍빈洪彬이 전계로 서종벽의 관직추탈을 청하였는데 영조가 이를 윤허하였다.
[조선왕조실록朝鮮王祖實錄, 네이트(NATE) 한국학, 한국역대인물 종합정보시스템,《국조문과방목國朝文科榜目》,《사마방목司馬榜目》, 노대환 〈소신에 목숨을 건 조선의 아웃사이더〉 (역사의 아침, 2007) 참조]

4) 심성진沈星鎭, 1695(숙종 21)~1778(정조 2년), 시서時瑞는 자. 본관은 청송靑松. 숙종肅宗 45년(1719) 기해己亥 증광시增廣試 진사進士 2등二等 17위를 하였고, 영조英祖 3년

(1727) 정미丁未 증광시增廣試 병과丙科 17위로 관직을 시작하였다. 아버지는 행연원도찰방行連原道察訪[조선시대 역驛을 관리하던 관리를 찰방이라 하며, 하나의 읍(현) 내 혹은 여러 도시에 있는 역을 총괄하는 관리를 도찰방都察訪이라 함. 종 6품이다]을 지낸 통훈대부通訓大夫 심준沈埈이다. 심성진은 정언正言(영조 5년, 1729), 서장관書狀官(영조 5년, 1729), 헌납獻納(영조 10년, 1734), 집의執義(영조 12년, 1736), 승지承旨(영조 15년, 1739), 대사간大司諫(영조 17년, 1741), 이조참의吏曹參議(영조 24년, 1748), 대사헌大司憲(영조 30년, 1754)을 거쳐 예조판서禮曹判書 등 두루 요직을 겸하였다.

심성진의 인적사항이 기재된 사마방목과 국조문과방목에 생년이 을해乙亥(1695)년으로 전하나 몰년은 전하지 않는데, 조선시대 후기 학자이자 관료인 신대우(1735~1809)의 개인문집인《완구유집宛丘遺集》에 심성진의 묘문墓文이 전하고 있어 심성진의 생몰년을 확인할 수 있다. 내용을 살펴보자.

宛丘遺集卷之五
墓文[一]
禮曹判書貞惠沈公神道表

原任禮曹判書貞惠沈公旣卒之十有九年。嗣子興永將樹神道之表。平州申大羽爲之序以揭曰。公當朋黨頗敓之際。平和以衷其操。保合以措諸事。蓋已審取捨之幾。雖世故之嬗遷靡常。而公則不激不渝。立朝五十年如一日。爲時名公卿。不旣韙與。逆臣厚謙自以故人釋孫。時節納床下之拜。而公之待之也。常於落穆。於其退輒曰凶國害家人也。其言頗聞於外。而厚謙亦遂謝迹於公之門矣。烏呼。大防隤而廉恥喪。跳徼濡需。用自敗其身者不可一二數。公獨皎然而處。介然自持。愼其終。益厲于始。於是公又賢遠於人矣。英廟嘗下手書于公曰。若問恬澹。捨卿誰先。公感涕曰上之知臣及此乎。仍以澹名其窩。自號爲澹。公嶺南青松府人。諱星鎭字時瑞。著自青城伯德符。世以名德顯。有諱之澤當兗海時。潜德不仕。於公高祖。曾祖諱樟。昌平縣令。祖諱廷熙。用經行 句 薦授齊陵參奉。考諱埈。大司諫。母坡平尹氏副提學撝之女。肅宗二十年公生。年二十五中司馬進士試。擢英宗三年增廣文科。旋授侍講院說書司諫院正言。以書狀官赴燕。選玉堂。兼吏曹郎至東壁。兼春坊學敎授校書校理知製敎。進拜承宣。轉司諫院大司諫成均館大司成。吏戶禮兵刑五曹參議。在吏曹多且久。進拜司憲府大司憲。參判吏禮工三曹。同知經筵春秋館事。提擧槐院籌司。進判漢城府。拜禮刑工三曹判書。政府參贊。知經筵春秋成均二館事。爲遠接使。入耆老社。進判義禁敎室二府事。間嘗出守關西之永柔定州成川。嶺南之安東。又嘗觀察關東京畿二道。留守沁州。階至輔國崇祿大夫。今上二年公年八十有四。九月一日考終于第。即其年十一月辛卯。葬京畿廣州雙嶺之原開趙夫人墓左合封焉。夫人楊州之族。翊衛司侍直泰男女。吏曹參議嘉錫孫。刑曹判書啓遠曾孫。貞純端哲。公甚敬重焉。生後公二年。先公十一年卒。擧男不育。以從子得雲爲後。夭無嗣。乃立族弟子之。興永是也。官今弘文校理。旣克趾先美。又能載烈金石。式闡幽徽。可謂孝矣。凡詳於碑者。悉略之。所以昭公德於大致。爲示無止也。是爲表。

위 내용을 보면 심성진의 생년은 숙종 20년(1694)으로 되어 있고 몰년은 정조 2년(1778) 그의 나이 84세(만 83세)로 되어 있음을 알 수 있다. 생년의 기록이 사마방목과 국조문과방목의 기록과 1년의 시차가 나서 좀 당황스럽다. 신대우나 묘비의 기록이 잘못되었다고 생각하지 않으나 국가시험 기록의 내용을 더욱 신뢰하여 생년을 1695년으로 한다. (심성진 생년에 관한 정확한 확인이 필요하다 생각한다.)

[조선왕조실록朝鮮王祖實錄, 네이트(NATE) 한국학, 한국역대인물 종합정보시스템,《국조문과방목國朝文科榜目》,《사마방목司馬榜目》 참조]

5) 조군수趙君受가 누구인지 시화첩(서원아회첩西園雅會帖) 내 참가자 전원의 시를 확인
할 수 없어 현재로선 정확히 알 수 없다. 하지만 정황상 조원명趙遠命(1675~1749)일 가
능성을 생각해볼 수 있다. 서원주인 이춘제李春躋(1691~1761)가 조원명의 큰사위였으
며, 귀록歸鹿 조현명趙顯命과 조원명은 재종(육촌)지간이었다. 자세한 사항은 후술하기
로 한다.

돌아오는 행장은 타고 나선 말 한 필뿐이었다고 한다. 시호는 정간貞簡이다.

[조선왕조실록朝鮮王祖實錄, 네이트(NATE) 한국학, 한국역대인물 종합정보시스템,《국조문과방목國朝文科榜目》,《사마방목司馬榜目》참조]

6) 정선鄭歚, 1676(숙종 2)~1759(영조 35). 조선 후기의 화가. 본관은 광주光州. 자는 원백元伯, 호는 겸재謙齋·겸초兼艸·난곡蘭谷.

1. 가계

아버지는 시익時翊이며, 어머니는 밀양박씨密陽朴氏이다.

2남 1녀 중 맏아들이다. 그의 선세先世는 전라남도 광산·나주 지방에서 세거한 사대부 집안이었다. 뒤에 경기도 광주로 옮기고, 고조부 연演 때 서울 서쪽[西郊]으로 다시 옮겨 살기 시작하였다. 13세 때 아버지를 여의고 늙은 어머니를 모시게 되었다.

2. 관직

어려서부터 그림을 잘 그렸다고 하며 그 뒤 김창집金昌集의 도움으로 관직생활을 시작하였는데, 위수(衛率: 王世子를 따라 호위하는 직책)라는 벼슬을 비롯하여, 1729년에 한성부주부, 1734년 청하현감을 지냈으며, 또 자연·하양의 현감을 거쳐 1740년경에는 훈련도감랑청訓練都監郎廳, 1740년 12월부터 1745년 1월까지는 양천의 현령을 지냈다. 그 뒤 약 10년 동안은 활동이 알려지지 않고 있으나 1754년에 사도시첨정司䆃寺僉正, 1755년에 첨지중추부사僉知中樞府事, 그리고 1756년에는 화가로서는 파격적인 가선대부지중추부사嘉善大夫知中樞府事라는 종2품에 제수되기까지 하였다.

3. 화업수련

그는 어려서부터 그림에 재주가 있었다는 기록과 현재 남아 있는 30세 전후의 금강산 그림 등을 통하여 젊을 때 화가로서 활동한 것이 확실하지만, 40세 이전의 확실한 경력을 입증할만한 작품이나 생활기록자료는 없다.

그가 중인中人들이 일하고 있었던 도화서화원圖畵署畵員이었다는 주장도 있다. 그러나 그의 집안은 원래 사대부 출신으로 신분상의 중인은 아니며 몇 대에 걸쳐 과거를 통하여 출세하지 못한 한미한 양반이었으나 그의 뛰어난 그림재주 때문에 관료로 추천을 받았으며 마침내 화단에서 명성을 얻게 되었다. 지금까지 막연한 중국의 자연을 소재로 하던 시나 문학의 영향에서 이루어진 산수화의 화제畵題는 빛을 잃은 대신 우리 자연으로 대치하게 되는 시기에 태어난 그는 마침 중국에서 밀려들어오는 남종화법南宗畵法이나 오파吳派와 같은 새로운 산수화기법에 접하게 되고, 또 당시 다시 유행하게 된 시서화 일체사상을 중시하던 문인들 사이에 참여하여 자신의 교양을 높이거나 창작하는 계기를 얻게 되었다. 특히 이병연李秉淵 같은 시인과의 교우를 통하여 자기 회화세계에 대한 창의력을 넓히고 일상적 생활의 주제를 회화로 승화시킬 수 있는 자극을 받게 되었다.

우리나라 자연을 다룬 그의 화제들은 당시 기행문의 소재였던 금강산, 관동지방의 명승, 그리고 서울에서 남한강을 오르내리며 접할 수 있는 명소들과 그가 실제 지방수령으로 근무하던 여가에 묘사한 것들이다.

그 밖에도 자기 집과 가까웠던 서울 장안의 사찰 경치들, 특히 인왕산 동북 일대의 계곡과 산등성이들이 화제가 되었으며, 문인지우文人知友들과 관련되는 여러 곳의 명소나 특수한 고장들의 자연을 다루기도 하였다. 그러나 고사도故事圖 같은 중국적 소재도 많이 다루고 있으며, 성리학자들의 고사도 제작에서 그의 관심거리가 무엇이었는지 알 수 있다.

4. 회화기법

회화기법상으로는 전통적 수묵화법水墨畵法이나 채색화彩色畵의 맥을 이어받기도 하
지만 자기 나름대로의 필묵법筆墨法을 개발하는데, 이것은 자연미의 특성을 깊이 관찰
한 결과이다. 예를 들면, 호암미술관湖巖美術館 소장의 〈인왕제색도仁王霽色圖〉에서는
인왕산의 둥근 바위봉우리 형태를 전연 새로운 기법으로 나타내는데, 바위의 중량감을
널찍한 쉬운 붓으로 여러 번 짙은 먹을 칠하여 표현하며積墨法, 또 간송미술관澗松美
術館의 〈통천문암도通川門巖圖〉에서는 동해안 바위 구조를 굵직한 수직선으로 처리하
여 세밀한 붓놀림이나 채색·명암 등 효과를 무시하면서도 물체의 외형적 특성을 아주
잘 표현하고 있다. 또, 한 가지 두드러진 붓 쓰임의 예는 서울 근교나 해금강은 물론 우
리나라 도처에서 볼 수 있는 소나무의 묘사법인데, 몇 개의 짧은 횡선과 하나의 굵게 내
려 긋는 사선斜線으로 소나무의 생김새를 간략하면서도 틀어맞게 그린다. 호암미술관
소장의 1734년 작 〈금강전도金剛全圖〉(130.7×95㎝)는 금강내산金剛內山을 하나의 큰
원형구도로 묶어서 그리는데, 이는 기법상 천하도天下圖라는 전통적인 지도제작기법에
근거하며, 금강내산을 한 떨기 연꽃 또는 한 묶음의 보석다발로 보는 종래의 자연묘사
시에서 조형적 원리造形的 原理를 따오는 기발한 착상이다. 우선, 원형을 대강 오른쪽의
골산(骨山: 금강내산의 화강암바위로 된 삐쭉삐쭉한 모습)과 왼쪽의 토산(土山: 금강내
산의 수림이 자라는 둥근 묏부리)으로 구분하되, 골산은 예리한 윤곽선으로, 토산은 그
의 독특한 침엽수법針葉樹法과 미점米點으로 묘사한다. 그다음 이 원형외곽을 엷은 청
색으로 둘러 여타 공간을 생략함으로써 산 자체만을 돋보이게 한다. 골짜기마다 흐르
는 물은 원의 중심이 되는 만폭동萬瀑洞에 일단 모이게 하여 구도상의 중심을 이룬 다
음, 화면의 앞쪽으로 흘러 장안사비홍교長安寺飛虹橋를 지난다. 이 그림은 실제의 자연
을 새로 해석하여 조형화한 좋은 예이며, 오른편 위쪽에 쓴 제시題詩의 내용과 형태가
일치한다. 그의 회화기법은 다른 화가들에 비하여 아주 다양하여 정밀묘사법에서부터
간결하고 활달한 사의화寫意畵까지 있어, 자연에서 얻은 인상을 나름대로 재구성하는
과감성과 회화의 원리를 발전시키는 등 여러 단계의 작품을 보여주는 가운데, 특히 우
리 주위에서 친숙하게 대할 수 있는 구체적 자연을 특징짓는 기법이 독창적인 면이다.

5. 평가와 업적

이러한 그의 창의력은 그가 즐겨하였다는 역易의 변화에 대한 이해에서 연유하는 것으
로 생각된다. 그림의 소재·기법 어느 것에나 구애됨이 없이 소화하였으며, 심지어 지두
화指頭畵까지도 실험하고 있다. 또한, 문인들과의 가까운 교류와 자신의 성리학에 대한
지식 등 중국 고전문학과 사상도 두루 섭렵하여 이들을 조형세계에 반영하고 있다. 특
히, 이미 청나라 문인들 사이에서도 유행한 시화첩詩畵帖 같은 것은 선비들 간에 시 짓
고 그림그리기와 글씨쓰기놀이를 통하여 이루어지는데, 실경산수화를 다루는 경우에는
시인들과 함께하는 여행에서 이루어질 때도 있다. 그는 이미 말한 노론의 명문인 안동
김 씨네와의 관계에서 관로官路에 진출하였을 뿐만 아니라, 선진적인 사상과 우수한 수
장품들을 접할 수 있는 기회를 얻었을 것이며, 그중에서도 김창흡金昌翕의 영향을 받았
다고 한다. 그러나 어느 특정한 파벌에만 치우치지 않은 매우 폭넓은 교우관계를 가지
고 있었다. 그의 생애 후반의 계속적인 승진은 영조가 세제로 있을 때 위솔이라는 직책
으로 있었기 때문에 입은 배려로 생각되며, 이것이 노년에도 창작에 전념할 수 있었던
또 하나의 이유라고 하겠다. 그는 조선시대의 어느 화가보다 많은 작품을 남겼을 뿐만
아니라 선비나 직업화가를 막론하고 크게 영향을 주어 겸재파화법謙齋派畵法이라 할
수 있는 한국 실경산수화의 흐름을 적어도 19세기 초반까지 이어가게 하였다. 이들 중
에는 강희언姜熙彦·김윤겸金允謙·최북崔北·김응환金應煥·김홍도金弘道·정수영鄭遂
榮·김석신金碩臣 등을 꼽을 수 있다. 그러나 그의 두 아들인 만교萬僑와 만수萬遂는 아
버지의 가업을 잇지 못하고 손자인 황棍만이 할아버지의 화법을 이어받고 있다. 정선에

관한 기록은 어느 화가보다 많으며 작품수도 가장 많다. 그러나 그가 지었다는《도설경해圖說經解》라는 책과 유고遺稿 수십 권은 전하지 않으며, 자작시나 화론畵論이 거의 남아 있지 않아 그를 더 깊이 연구하는 데 아쉬움을 주고 있다. 또, 초년기의 작품이 거의 밝혀지지 않아 화가로서의 생애를 전부 조명하는 데 공백이 있다.

[조선왕조실록朝鮮王祖實錄, 네이트(NATE) 한국학, 한국역대인물 종합정보시스템, 근역서화징槿域書畵徵 참조]

7) 이병연李秉淵, 1671(현종 12)~1751(영조 27). 조선 후기의 시인. 본관은 한산韓山. 자는 일원一源. 호는 사천槎川 또는 백악하白嶽下. 산보山甫의 5대손으로, 아버지는 속涑이다. 병성秉成의 형이다.

백산白山이라는 곳에 살았다. 김창흡金昌翕의 문인이며, 벼슬은 음보蔭補로 부사府使에 이르렀다.

시에 뛰어나 영조시대 최고의 시인으로 일컬어졌다. 문인 김익겸金益謙이 그의 시초詩抄 한 권을 가지고 중국에 갔을 때 강남江南의 문사들이 "명나라 이후의 시는 이 시에 비교가 안 된다."라고 그의 시를 극찬하였다고 한다.

일생 동안 무려 1만 300여 수에 달하는 많은 시를 썼다고 하나, 현재 시집에 전하는 것은 500여 수뿐이다. 그의 시는 대부분 산수·영물시로, 대개 서정이 두드러지고 깊은 감회를 불러일으킨다. 특히 매화를 소재로 55수나 되는 시를 지었는데, 이는 대개 은일적인 기분을 표현한 것으로 생生에 대한 깊은 애정을 은연중 표현하고 있다. 중국의 자연 시인 도연명陶淵明의 의경을 흠모하였던 것 같다.

80세가 넘도록 시작 생활을 계속하였다. 저서로는《사천시초》2책이 전한다.

[조선왕조실록朝鮮王祖實錄, 네이트(NATE) 한국학, 한국역대인물 종합정보시스템,《사마방목司馬榜目》참조]

8) 지금까지 7인의 모임으로 알려져 왔으나 8인이라야 첩 내의 기록과 일치한다. 자세한 설명은 후술할 '서원아회(기)' 편을 참조하기 바란다.

9) 기쁘고 즐거운 모임.

10) 엄밀히 말하면, 서원아회西園雅會 때 직접 그려졌던 그림은 '서원아회', '옥동척강', '풍계임류' 세 작품이라 할 수 있다.

11) 국립국어원 표준국어대사전.

12) '아회雅會 혹은 아집雅集'은 주로 친목도모를 위한 개인적인 모임으로 그 용어는 같지 않았겠지만 지인들과의 모임은 인류의 시작과 함께하지 않았을까 생각되고, 그 모습과 형식에 있어서도 '전형, 전범'과 차이가 있을 수 있지만 그 기록들이 존재했을 거라 사료되는바 현재 전하는 기록들만을 근거로 연원을 밝히기에는 무리가 있다고 생각한다.

13) 〈서원아집도기西園雅集圖〉의 허구성에 관한 여러 지적들이 있으나 이 논고에서 다루지 않는다.

Laing, Ellen Johnston. "Real or Ideal: The Problem of the 'Elegant Gathering in the Western Garden' in Chinese Historical and Art Historical Records," Journal of the American Oriental Society 88, 3. (July-September 1968), pp. 419~435

14) 옛 사람들의 유명한 필적을 돌 또는 나무(판목)에 새기고 탑본하여 글씨를 익히거나

감상할 목적으로 만든 책.

15) 월간미술,《세계미술 용어사전》(서울: 월간미술, 1999), p. 236.

16) 〈北宋李公麟西園雅集圖〉,《式古堂書畵彙考》33,《四庫》828, pp. 433~434.
　　송희경,《조선후기 아회도》, (서울: 다할미디어, 2008), p. 280.

17) 그림이나 물건에 붉을 늘이거나 색을 칠하여 빛깔이 나게 함.

18) 구름의 기운과 색.

19) 거의 비슷하다, 흐릿하거나 어렴풋하다, 무엇과 같다고 느끼게 하다.

20) 최완수,『겸재 정선 2』(현암사, 2009), p. 24.
　　최완수,『겸재 정선 진경산수화』(범우사, 1993), p. 190.
　　이강호,『고서화』(삼화인쇄주식회사, 1978), p. 15.

02

《서원아회첩西園雅會帖》

1. 아회첩雅會帖의 구성

▲도 2. 조현명趙顯命 (1691~1752),《서원아회첩西園雅會帖》중
〈서원소정기西園小亭記〉(경신년庚申年 여름, 1740), 지본수묵紙本水墨,
개인소장 (사진촬영 1975년 이영재)

《서원아회첩西園雅會帖》(도 2)은 약 40면으로 이루어져 있을 것
으로 추정되는데 그 구성을 살펴보면 다음과 같다.

앞표지에 '서원아회西園雅會'라는 집 후원인 서원과 그곳에 있던

정자 서원소정西園小亭의 주인인 이춘제李春躋(1692~1761)의 표제表題가 있었다. 표지를 열면 좌측 한 면에 조선시대 묵객 8인이 가졌던 아회의 모임을 겸재가 그린 '서원아회西園雅會[1]'도가 위치해 있고, 뒷면 우측면에는 아회 참가자 중 7인이 옥류동玉流洞 산등성이를 오르는 모습을 겸재가 화폭에 담은 '옥동척강玉洞陟崗'도, 그 다음 면에는 이춘제의 집 후원인 서원에서 시작하여 옥류동 산등성이를 넘어 세심대洗心臺를 지나 청풍계淸風溪에 이르는 산행을 마친 후 폭포에서 떨어지는 물이 바위 사이를 졸졸 흐르는 시내에서 흐른 땀을 씻는 모습을 역시 겸재가 화폭에 담은 '풍계임류楓溪臨流'도가 위치해 있었다. 다음 두 면에 걸쳐 이 아회의 시작부터 파할 때까지의 정경을 이춘제가 글로 세세히 기록한 '서원아회(기)西園雅會(記)'가 있었고, 이후 수면에 걸쳐 참가자 전원의 시서들이 첩의 장장을 채우고 있었으며, 이 화첩의 중간 부분 두면에 고쳐지은 모정과 가꾸고 다듬어진 정원이 있는 이춘제 집 후원과 그 정자의 모습을 겸재가 그린 '서원소정西園小亭'도와 그 다음 역시 두 면에 걸쳐 이춘제가 자신의 후원 정자 '서원소정'에 앉아 경복궁景福宮, 사직단社稷壇, 인경궁仁慶宮을 비롯하여 남산南山, 관악산冠岳山, 남한산성南漢山城에까지 이르는 한양전경漢陽全景의 모습을 바라보고 있는 모습을 겸재가 담은 '한양전경漢陽全景'도가 위치해 있었다. 이 뒤 다시 두 면에 걸쳐 이춘제 자신이 귀록 조현명에게 자신이 지은 집 후원에 위치한 소정의 이름들 중 택하여 달라고 부탁한 편지에 대한 답으로 귀록이 지어 보낸 '서원소정기西園小亭記'가 담겨 있었고, 이 뒤 다시 수면에 걸쳐 사천槎川 이병연李秉淵(1671~1751)의 시서 및 아회 참가자들의 시가 장장이 전하고 있었다.

첩의 겉표지는 노란색 비단으로 입혀져 있었으며 겸재謙齋 정선鄭歚의 다섯 점 진경산수화眞景山水畵는 견본담채絹本淡彩 형태로 첩 온면에 덧붙여졌고 이춘제李春躋와 조현명趙顯命이 지은 두 편의 기記와 사천槎川 이병연李秉淵(1671~1751)의 시서 및 아회 참가자 중 그림을 그렸던 겸재를 제외한 7인의 시서詩書들은 지본수묵紙本水墨으로 가장자리 부분이 덧대어져 담겨 있는 전형적인 조선시대 시화첩의 양식을 지니고 있었을 것이라 생각된다(도 2 참조).

2. 아회첩雅會帖의 내력

《서원아회첩西園雅會帖》의 연원과 그 내력에 관하여 첩帖 내內에 특별히 기록된 내용은 없다. 다만 이춘제 자신이 지어 기록한 〈서원아회(기)西園雅會(記)〉(도 3)의 내용 중 이 시화첩을 만들게 된 동기를 보여주는 부분이 있어 다행히 미흡하나마 첩이 전하여지는 과정을 추정하여 볼 수 있다. 먼저 〈서원아회(기)西園雅會(記)〉의 내용을 알아보자.

▲도 3. 이춘제李春躋 (1692~1761),《서원아회첩西園雅會帖》중 〈서원아회(기)西園雅會(記)〉 (기미년 여름, 1739), 개인소장 (사진촬영 1975년 이영재)

西園雅會

休官以來, 病懶相成, 未窺家後小圓者, 久矣, 宋元直, 徐國寶, 約沈時瑞, 趙君受兩令[2], 以謀小會, 歸鹿趙台, 聞風而至。于時驟雨翻盆, 後晴, 登臨西園, 仍又聯袂, 雨出柴扉, 徘徊於玉流泉石, 歸鹿忽飛筇着芒, 攀崖陟嶺, 步履之捷, 不減小壯, 諸公躋後, 無不膚汗氣喘, 以俄頃之間, 乃能越巒, 而度壑, 楓溪之心庵古亭, 倏在目下。此殆詩所謂, 終躋絶險, 曾是不意者也。

及其穿林而下, 臨溪而坐, 卽一條懸瀑, 潺溪石間。濯纓濯足, 出滌煩襟, 去之膚汗而氣喘, 咸曰 微豊原, 安得務此, 今谷之游, 實冠平生。於亭逍遙, 竟夕忘歸, 臨罷, 歸鹿, 口呼一律, 屬諸公聯和, 請謙齋筆, 摹寫境會, 仍作帖, 以爲子孫藏, 甚奇事也, 豈可無識。

顧余 自小不好詩學, 老又有眼高手卑之症, 凡於音韻淸濁高低者不經, 與親舊挹別逢歸, 酬唱, 一切未嘗開路。故輒以此謝之, 則歸鹿, 又責之以湋詩令, 不得已 破戒塞責, 眞是肉談詩云乎哉。

己未季夏 西園主人

"휴관 이래 병과 게으름이 상성하여 집 뒤 소원(서원소정)을 들여다보지 못한 지 오래되었는데, 송원직, 서국보가 심시서, 조군수 두 영감과 약속하고 작은 모임(소회)을 도모했는데, 귀록 조대감이 소식을 듣고 이르렀다. 그때 소나기가 내려 물이 넘쳐흘러, 갠 후에 올라 서원(소정)에 임하여 아래를 내려다보았다. 좇으며 또 연몌連袂[3]하며 시선[4]을 나와 옥류천석에서 배회하는데 귀록이 홀연히 지팡이를 날리며 짚신을 신고 비탈을 타며 산마루를 오른다. 걸음이 빠른 것이 소장小壯에 덜하지 않아 제공이 뒤따라 오르는데 땀이 나고 숨차지 않음이 없었는데 잠깐 사이에 산등성이를 넘고 골짜기를 지날 수 있어서 (청)풍계의 (원)심암과 (태)고정이 홀연 눈 아래 있다. 이것은 당초 시경에 이르기를 '마침내 절험을 넘었으니 이것은 일찍이 뜻한 바가 아니다.'라 한 것과 같다. 마침내(급기) 숲을 뚫고 내려가 시내에 임하여 앉으니 곧 한 줄기 걸린 폭포가 바위 사이로 졸졸 흐른다. 갓끈을 빨고 갓을 씻고 답답한 가슴을 내어 씻어 땀나고 숨찬 것을 다 털어내고 나서 모두 이르기를, '풍원(조현명)이 아니었으면 어찌 이렇게 힘쓸 수 있었겠는가? 오늘 계곡놀이는 실로 평생 으뜸일 것이다.'라 하였다. 정자에서 소요하는 것으로 마침내 저녁이 되어도 돌아갈 줄 모르다가 파하기에 임해서 귀록이 입으로 시 한 수를 읊고 제공에게 잇대어 화답하라 하고, 겸재 화필을 청하여 장소와 모임을 그려 달라 하니 그대로 시화첩(서원아회첩)을 만들어 자손이 수장하게 하려 함이다. 심히 기이한 일이거늘 어찌 기록하지 않을 수 있겠는가?(기록이 없을 수 있겠는가?) 나를 돌아보건대, 어려서부터 '시학'을 좋아하지 않았고 나이 들어서는 또 눈이 높고 손이 낮은 증세(병)가 있어 무릇 시를 짓는데 마음을 두지 않아 친구와 만나고 헤어질 때 시를 주고받는 일에 일절 길을 연 적이 없다. 그런고로 문득 이것으로써 사양하였더니 귀록이 또 '시령'을 어긴 것을 책망한다. 부득이 파계하여 책망을 막기는 하나 참으로 이는 '육담(육두문자)시'라 할 수 있을 뿐이다.

기미(1739)년 여름 서원주인[5]"

〈서원아회(기)西園雅會(記)〉의 후반부를 살펴보면 다음과 같은 문장을 발견할 수 있다.

於亭逍遙, 竟夕忘歸, 臨罷, 歸鹿, 口呼一律, 屬諸公聯和, 請謙齋筆, 摹寫境會, 仍作帖, 以爲子孫藏, 甚奇事也, 豈可無識。

"정자에서 소요하는 것으로 마침내 저녁이 되어도 돌아갈 줄 모르다가 파하기에 임해서 귀록이 입으로 시 한 수를 읊고 제공에게 잇대어 화답하라 하고, 겸재 화필을 청하여 장소와 모임을 그려 달라 하니 그대로 시화첩(서원아회첩西園雅會帖)을 만들어 자손이 수장하게 하려 함이다. 심히 기이한 일이거늘 어찌 기록하지 않을 수 있겠는가?(기록이 없을 수 있겠는가?)"

이춘제李春躋의〈서원아회(기)西園雅會(記)〉이 문장에 의하면, 이러한 아회雅會가 이루진 일이 매우 신기한 일이기 때문에 아회에 관한 기록을 남김에 귀록歸鹿 조현명趙顯命 대감이 먼저 시 한 수를 지어 읊고 이춘제를 비롯한 참가자 전원에게 시 짓기를 권했던 모양이다. 뒤에서 언급하겠지만 우리 조선시대朝鮮時代 사대부들의 멋들어진 풍류를 느끼게 하는 대목이다. 이에 참가자 전원이 시를 여러 편 지어 남겼던 것으로 생각된다. 이에 이춘제는 동석했던 겸재謙齋 정선鄭敾에게 정중히 청하여 또한 이 아회의 모습과 정취를 빼어난 다섯 폭의 화폭[6]으로 남기게 된 것이다. 이어 이춘제는 아회를 통한 이 시들과 그림들을 그대로 시화첩詩畵帖으로 꾸며 가보家寶로 자손들(후손들)에게 물려주려 한다는 것을 알 수 있다.

실제로 위 이춘제李春躋의〈서원아회(기)西園雅會(記)〉내용대로, 이 시화첩(서원아회첩西園雅會帖)은 1970년대까지 이춘제의 후손後孫 가家에 전해진다. 후손 가에 전해지던《서원아회첩西園雅會帖》은 이후 1975년 모운茅雲 이강호李康灝(1899~1980)[7]의 집안으로 전하여지게 되는데, 얼마 후 다시 이춘제 후손인 이모 씨氏[8]의

요청으로 첩의 제일 첫 그림이었던《서원아회도西園雅會圖》를 제
외한 겸재 정선의 그림 4폭(옥동척강玉洞陟崗, 풍계임류楓溪臨流,
서원소정西園小亭, 한양전경漢陽全景)과 귀록 조현명과 사천 이병
연의 시서詩書 각 1점을 뺀 모든 시詩와 기記들은 다시 이춘제 후
손가로 돌아가게 된다.[9] 이 과정에서 필연적으로《서원아회첩西園
雅會帖》내內의 그림들과 두 편의 시가 뜯어지게 되었는데 이에 모
운茅雲 장丈[10]께서 애석해하셨다 한다. 이 뜯어진 그림들과 시서
두 편은 모암문고茅岩文庫(The Moam Collection, Korea)를 포함
한 각 개인에 전하고 있다.

---

1) 〈서원아회도〉와 〈풍계임류도〉(본고 각주 50 참조)는 현재 작품을 확인할 수 없어 단언
할 수 없지만 〈옥동척강〉에서와 같이 아회 참가자 7인이 화면에 있었으리라 생각되는
데, 이는 그림을 그린 당사자인 진경화가 겸재 정선이 화면에서 빠져 7인만이 표현되었
다 생각할 수 있으나 다른 가능성도 배제할 수 없다.

2) 이 부분의 해석이 조금 애매하다. 원문의 문맥상 '조군수趙君受'를 인명으로 보는 것이
타당하나 좀 석연치 않은 부분이 있다. '조군수趙君受'를 인명으로 보느냐 보지 않느냐
에 따라 그 해석과 의미가 크게 달라진다. 자세한 설명은 '서원아회(기)' 편을 참조하기
바란다.

3) 가지런히 서서 함께 가거나 옴.

4) 울짱, 목책 사립문.

5) 최완수, 상동서(현암사, 2009), p. 24.
   최완수, 상동서(범우사, 1993), p. 190.
   이강호, 상동서(삼화인쇄주식회사, 1978), p. 15.

6) 이 아회에서는 세 폭. (각주 9 참조)

7) 본관 전주. 효령대군 18대손. 학자이자 서화감식가 이다. 전 충남대학교 총장 동교東喬
   민태식閔泰植(1903~1981), 학자이자 정치가인 윤석오尹錫五(1912~1980), 한학자 조국원
   趙國元, 전 성균관장 취암醉巖 이재서 李載瑞, 전 가톨릭대학교 의과대학 교수, 전 어의

도 성모병원장 간산干山 정환국鄭煥國(1922~1999) 등과 평생 교유하였다. 고서화 감식에 명망이 높아 1943년 위당爲堂(담원薝園) 정인보鄭寅普(1893~1950)가 그 정취를 극히 찬양하여 1943년 '모운茅雲'이라는 호와 10폭 대작 병장을 서봉하였다. 이병장이 지금까지 모암문고茅岩文庫에 전한다.

이강호,《고서화古書畵》(삼화인쇄주식회사, 1978)

Yong-Su Lee, Art Museums - Their History, Present Situation and Vision: The Case of the Republic of Korea(Chicago: The Art Institute of Chicago, 2007), p. 60.

8) 이미 고인이 되셨겠지만 결례가 될 수 있어 이춘제 후손인 이모李某 씨氏의 실명은 밝히지 않는다.

9) 비록 집안 형편이 어려워져 대대로 전하여 내려오던 가보家寶인《서원아회첩西園雅會帖》을 내놓았지만 최대한 이 집안의 가보家寶를 지키려 한 후손의 정성은 필히 알아주어야 한다고 생각한다.

10) 모운茅雲 이강호李康灝(1899~1980).

03

《서원아회첩西園雅會帖》을 통해
본 조선시대 사대부의 풍류

1. 〈서원아회(기)西園雅會(記)〉

▲도 3. 이춘제李春躋 (1692~1761), 《서원아회첩西園雅會帖》중 〈서원아회(기)西園雅會(記)〉 (기미년己未年 여름, 1739), 개인소장 (사진촬영 1975년 이영재)

〈서원아회(기)西園雅會(記)〉는 아름다운 모임(가회)이 우연히 이루어졌던 정원인 서원西園과 그 정자인 서원소정西園小亭의 주인 이춘제李春躋가 이 아회(서원아회西園雅會)에 관한 상세한 기록을 담은 글로서 《서원아회첩西園雅會帖》내內에 전한다.

이 〈서원아회(기)西園雅會(記)〉를 통하여 우리는 이 아회雅會가 언제, 어디서, 어떻게 이루어지게 되었고, 아회의 구성원은 누구였으며, 무엇을 하고 어떻게 진행이 되었으며 파罷했는지 그 전모全貌를 파악할 수 있다. 다시 한 번 이춘제의 〈서원아회(기)西園雅會(記)〉와 그 뒤에 이어지는 시詩를 상세히 살펴보자.

西園雅會

休官以來, 病懶相成, 未窺家後小圓者, 久矣, 宋元直, 徐國寶, 約沈時瑞, 趙君受兩令, 以謀小會, 歸鹿趙台, 聞風而至. 于時驟雨麭盆, 後晴, 登臨西園, 仍又聯袂, 雨出柴扉, 徘徊於玉流泉石, 歸鹿忽飛筇着芒, 攀崖陟嶺, 步履之捷, 不減小壯, 諸公躋後, 無不膚汗氣喘, 以俄頃之間, 乃能越巒, 而度壑, 楓溪之心庵古亭, 倏在目下. 此殆詩所謂, 終躋絶險, 曾是不意者也.

及其穿林而下, 臨溪而坐, 卽一條懸瀑, 潺溪石間. 濯纓濯足, 出滌煩襟, 去之膚汗而氣喘, 咸曰 微豊原, 安得務此, 今谷之游, 實冠平生. 於亭逍遙, 竟夕忘歸, 臨罷, 歸鹿, 口呼一律, 屬諸公聯和, 請謙齋筆, 摹寫境會, 仍作帖, 以爲子孫藏, 甚奇事也, 豈可無識.

顧余 自小不好詩學, 老又有眼高手卑之症, 凡於音韻清濁高低者不經, 與親舊挹別逢歸, 酬唱, 一切未嘗開路. 故輒以此謝之, 則歸鹿, 又責之以漳詩令, 不得已 破戒塞責, 眞是肉談詩云乎哉.

己未季夏 西園主人

"휴관 이래 병과 게으름이 상성하여 집 뒤 소원(서원)을 들여다보지 못한 지 오래되었는데, 송원직, 서국보가 심시서, 조군수 두 영감과 약속하고 작은 모임(소회)을 도모했는데, 귀록 조대감이 소식을 듣고 이르렀다. 그때 소나기가 내려 물이 넘쳐흘러, 갠 후에 올라 서원(소정)에 임하여 아래를 내려다보았다. 좇으며 또 연몌連袂하며 시선을 나와 옥류천석에서 배회하는데 귀록이 홀연히 지팡이를 날리며 짚신을 신고 비탈을 타며 산마루를 오른다. 걸음이 빠른 것이 소장小壯에 덜하지 않아 제공이 뒤따라 오르는데 땀이 나고 숨차지 않음이 없었는데 잠깐 사이에 산등성이를 넘고 골짜기를 지날 수 있어서 (청)풍계의 (원)심암과 (태)고정이 홀연 눈 아래 있다. 이것은 당초 시경에 이르기를 '마침내 절험을 넘었으니 이것은 일찍이 뜻한 바가 아니다.'라 한 것과 같다. 마침내(급기) 숲을 뚫고 내려가 시내에 임하여 앉으니 곧 한 줄기 걸린 폭포가 바위 사이로 졸졸 흐른다. 갓끈을 빼고 갓을 씻고 답답한 가슴을 내어 씻어 땀나고 숨찬 것을 다 털어내고 나서 모두 이르기를, '풍원(조현명)이 아니었으면 어찌 이렇게 힘쓸 수 있었겠는가? 오늘 계곡놀이는 실로 평생 으뜸일 것이다'라 하였다. 정자에서 소요하는 것으로 마침내 저녁이 되어도 돌아갈 줄 모르다가 파하기에 임해서 귀록이 입으로 시 한 수를 읊고 제공에게 잇대어 화답하라 하고, 겸재 화필을 청하여 장소와 모임을 그려 달라 하니 그대로 시화첩(서원아회첩)을 만들어 자손이 수장하게 하려 함이다. 심히 기이한 일이거늘 어찌 기록하지 않을 수 있겠는가?(기록이 없을 수 있겠는가?) 나를 돌아보건 대, 어려서부터 '시학'을 좋아하지 않았고 나이 들어서는 또 눈이 높 고 손이 낮은 증세(병)가 있어 무릇 시를 짓는데 마음을 두지 않아 친구와 만나고 헤어질 때 시를 주고받는 일에 일절 길을 연 적이 없 다. 그런고로 문득 이것으로써 사양하였더니 귀록이 또 '시령'을 어 긴 것을 책망한다. 부득이 파계하여 책망을 막기는 하나 참으로 이 는 '육담(육두문자)시'라 할 수 있을 뿐이다.

기미(1739)년 여름 서원주인[1]"

이어 시가 이어진다.

小園佳會偶然成,
杖屨逍遙趁晩晴,
仙閣謝煩心已靜,
雲巒耽勝脚盆經,

休言遠陟勞今夕,
誇託來游冠此生,
臨罷丁寧留後約,
將軍風致老槎淸。

소원의 가회(기쁘고 즐거운 모임) 우연히 이루어지니

지팡이 들고 짚신 신고 비 걷힌 저녁 산을 소요하네.
선객(신선)이 번거로움 사양하니 마음 이미 고요하고
구름 산 승경 찾으니 다리 가볍네.
멀리 올라 오늘 저녁 피곤하다 말하지 말게.
자랑하며 와서 논(유람한) 것 이 생애 제일(으뜸).
파함에 임해 정녕 지체하며 뒷기약 두니
장군의 풍치와 사천 노장의 맑은 뜻일세.

(歸鹿方帶將符, 且每自稱將軍故云.)
(귀록이 바야흐로 장수의 증표를 띠고, 또 매양 장군이라 자칭하기에 이렇게 읊는다.)

〈서원아회(기)西園雅會(記)〉의 첫 문장을 자세히 살펴보면 아회가 이루어진 이유를 비롯하여 몇 가지 중요한 사실을 알 수 있다.

休官以來, 病懶相成, 未窺家後小圓者, 久矣, 宋元直, 徐國寶, 約沈時瑞, 趙君受兩令, 以謀小會, 歸鹿趙台, 聞風而至.

"휴관 이래 병과 게으름이 상성하여 집 뒤 소원(서원)을 들여다보지 못한 지 오래되었는데, 송원직, 서국보가 심시서, 조군수 두 영감과 약속하고 작은 모임(소회)을 도모했는데, 귀록 조대감이 소식을 듣고 이르렀다."

▲도 4. 정선鄭敾 (1676~1759),《서원아회첩西園雅會帖》중 〈옥동척강玉洞陟崗〉
(기미년己未年 여름, 1739), 견본담채絹本淡彩, 34.5 x 34.0cm, 개인소장

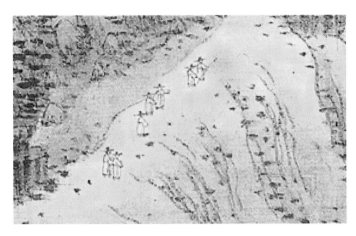

▲도 4-1. 정선鄭歚,《서원아회첩西園雅會帖》중 〈옥동척강玉洞陟崗〉 부분
(기미년己未年 여름, 1739), 견본담채絹本淡彩, 33.5×33.8㎝, 개인소장

　　먼저 '宋元直, 徐國寶, 約沈時瑞, 趙君受兩令'의 해석이 중요하
다. 이 부분의 해석을 위와 같이 '송원직, 서국보가 심시서, 조군수
두 영감과 약속하고'로 '조군수趙君受'를 인명으로 해석함이 가장
타당하나 한 가지 문제점이 있다. 지금까지 이 아회의 참가인원은
겸재가 아회의 정경을 담은 다섯 폭 중 한 폭인 '옥동척강玉洞陟崗'
(도 4)에서 표현된 바와 같이 7인[이중희李仲熙(이춘제李春躋), 조
치회趙稚晦(조현명趙顯命), 송원직宋元直(송익보宋翼輔), 서국보
徐國寶(서종벽徐宗璧), 심시서沈時瑞(심성진沈星鎭), 정선鄭歚,
이병연李秉淵]으로 알려졌다. 하지만 이 경우 위 아회기의 내용과
상충된다. 위 해제를 다시 살펴보면, 서원주인 이춘제(이중희), 조현
명(조치회), 송익보(송원직), 서종벽(서국보), 심성진(심시서), 조군수
(?), 그리고 아회(기)의 내용에서 확인할 수 있듯 아회의 정경을 화

폭에 담은 겸재 정선과 시를 지어 남긴 사천 이병연 8인人이 되어야 위 기록과 일치한다. 이 경우 그림을 그린 겸재 정선이 화폭에서 빠졌음을 생각할 수 있으나 단언하기 어렵다. 그리고 다른 이들과 마찬가지로 '조군수趙君受'는 자字로 생각되는데 조趙 씨氏 성을 가진 '군수君受'라는 자를 사용하던 마땅한 인물을 발견할 수 없어 누구인지 알 수 없다. 앞서 언급했듯 서원주인 이춘제의 장인이자 귀록 조현명의 재종형(6촌형)인 조원명趙遠命(1675~1749)(도 5 참조)일 가능성을 배제할 수 없으나 확신할 수 없다.

다른 한 경우로 '宋元直, 徐國寶, 約沈時瑞, 趙君受兩令' 부분의 해석을 '송원직, 서국보가 심시서와 약속하고 조군(가동家僮)이 두 어른(겸재 정선과 사천 이병연)을 받들어 모서' 등으로 해석을 하면 '옥동척강玉洞陟崗'에서 나타난 것처럼 7인의 모임과 맞아떨어지나 좀 어색하다.

따라서 단언할 수 없으나 이춘제의 서원과 그 정자에서 기미년己未年 여름(1739)에 이루어 졌던 아회에는 겸재와 사천을 포함한 조선시대 문인묵객 8인이 참가하였으며, 이 정경이 담긴 세 폭의 그림 '서원아회西園雅會', '옥동척강玉洞陟崗', '풍계임류楓溪臨流'에 7인의 모습만 나타난 이유는 그림을 그렸던 겸재 자신이 빠졌던 것으로 보는 것이 현재로선 타당하다 생각된다.

▲도 5. 이춘제李春躋 관련사항

또 하나, 다시 〈서원아회(기)西園雅會(記)〉의 첫 문장을 보면, 귀록 조현명은 이 아회에 정식으로 초대되지 않았고, 아회가 열린다는 소문을 듣고 모임에 참석했다는 사실을 알 수 있어 흥미롭다.

이어 본격적인 아회의 모습이 나타난다. 내용을 확인하여 보자.

于時驟雨飜盆, 後晴, 登臨西園, 仍又聯袂, 雨出柴扉, 徘徊於
玉流泉石, 歸鹿忽飛笻着芒, 攀崖陟嶺, 步履之捷, 不減小壯, 諸
公躋後, 無不膚汗氣喘, 以俄頃之間, 乃能越巒, 而度壑, 楓溪之
心庵 古亭, 候在目下。此殆詩所謂, 終踰絶險, 曾是不意者也。

及其穿林而下, 臨溪而坐, 卽一條懸瀑, 潺溪石間。濯纓濯足,
出滌煩襟, 去之膚汗而氣喘, 咸曰 微豊原, 安得務此, 今谷之游,
實冠平生。

"그때 소나기가 내려 물이 넘쳐흘러, 갠 후에 올라 서원(소정)에
임하여 아래를 내려다보았다. 좇으며 또 연몌連袂하며 시선을 나와
옥류천석에서 배회하는데 귀록이 홀연히 지팡이를 날리며 짚신을
신고 비탈을 타며 산마루를 오른다. 걸음이 빠른 것이 소장小壯에
덜하지 않아 제공이 뒤따라 오르는데 땀이 나고 숨차지 않음이 없
었는데 잠깐 사이에 산등성이를 넘고 골짜기를 지날 수 있어서 (청)
풍계의 (원)심암과 (태)고정이 홀연 눈 아래 있다. 이것은 당초 시경
에 이르기를 '마침내 절험을 넘었으니 이것은 일찍이 뜻한 바가 아
니다.'라 한 것과 같다. 마침내(급기) 숲을 뚫고 내려가 시내에 임하
여 앉으니 곧 한 줄기 걸린 폭포가 바위 사이로 졸졸 흐른다. 갓끈
을 빨고 갓을 씻고 답답한 가슴을 내어 씻어 땀나고 숨찬 것을 다
털어내고 나서 모두 이르기를, '풍원(조현명)이 아니었으면 어찌 이
렇게 힘쓸 수 있었겠는가? 오늘 계곡놀이는 실로 평생 으뜸일 것이
다'라 하였다."

이춘제의 후원인 서원西園과 그 정자인 서원소정西園小亭에서
이춘제를 포함한 조선시대 문인 8인이 모여 아회를 가지게 되었는
데 그때 소나기가 내려 정자에서 비를 피하고 있다가 비가 개자 소
정小亭에 올라 아래 풍광을 굽어본 후, 사립문을 나서 옥류동 천

석 사이를 배회하다 귀록 조현명이 앞장서 옥류동玉流洞에서 청풍계淸楓溪를 넘는 등산을 감행하게 된다. 등산이 꽤나 힘들었는지 "마침내 절험을 넘었으니 이것은 일찍이 뜻한 바가 아니다"라는《시경詩經[2]》의 구절을 들며 너스레를 떠는 모습이 웃음을 준다. 산행 후 한 줄기 폭포에서 떨어지는 물이 흐르는 계곡에 앉아 갓 끈을 씻고 발을 담그고 흐른 땀을 씻어내는 모습이 실제로 보이는 듯 선명하게 느껴진다. 땀을 씻어낸 후 아회 참가자 모두 풍원(귀록 조현명) 때문에 오늘 아회가 평생에 제일이었다 말하는 제공들의 모습이 아회기의 내용을 읽는 것만으로 눈에 선하여 필자까지 시원해진다.

이어 아회는 절정으로 치닫는다. 아회기의 내용을 마저 살펴보자.

於亭逍遙, 竟夕忘歸, 臨罷, 歸鹿, 口呼一律, 屬諸公聯和, 請謙齋筆, 摹寫境會, 仍作帖, 以爲子孫藏, 甚奇事也, 豈可無識。
顧余 自小不好詩學, 老又有眼高手卑之症, 凡於音韻淸濁高低者不經, 與親舊挹別逢歸, 酬唱, 一切未嘗開路。故輒以此謝之, 則歸鹿, 又責之以湋詩令, 不得已 破戒塞責, 眞是肉談詩云乎哉。

己未季夏 西園主人

"정자에서 소요하는 것으로 마침내 저녁이 되어도 돌아갈 줄 모르다가 파하기에 임해서 귀록이 입으로 시 한 수를 읊고 제공에게 잇대어 화답하라 하고, 겸재 화필을 청하여 장소와 모임을 그려 달라 하니 그대로 시화첩(서원아회첩)을 만들어 자손이 수장하게 하려 함이다. 심히 기이한 일이거늘 어찌 기록하지 않을 수 있겠는가?(기록이 없을 수 있겠는가?) 나를 돌아보건대, 어려서부터 '시학'을 좋아하지 않았고 나이 들어서는 또 눈이 높고 손이 낮은 증세(병)가 있어 무릇 시를 짓는 데 마음을 두지 않아 친구와 만나고 헤어질 때 시를 주고받는 일에 일절 길을 연 적이 없다. 그런고로 문득 이것으로써 사양하였더니 귀록이 또 '시령'을 어긴 것을 책망한다. 부득이 파계하여 책망을 막기는 하나 참으로 이는 '육담(육두문자)시'라 할 수 있을 뿐이다.

기미(1739)년 여름 서원주인3)"

계곡놀이와 탁족을 즐긴 후 정자에서 소요하며 저녁이 다 되었는데도 돌아갈 줄 모르다가 아회가 파하기 전에 귀록 조현명을 시작으로 오늘 아회의 소회所懷를 시詩로 밝힌다. 이 부분이 조선시대 선비들의 풍류의 모습을 잘 보여준다 할 수 있다. 이 기記의 내용으로 미루어 보면 귀록 조현명은 매우 활달하고 적극적인 성품의 소유자였던 것으로 생각된다. 운을 띄우고 화답하며 시를 짓는 선비들의 모습이 눈앞에 그려진다. '아회' 말 그대로 '우아하고 고상한 모임'이 아닐 수 없다. 이에 이춘제는 동석했던 화성 겸재 정선의 화필을 청하여 아회의 정경을 묘사토록 하고, 이 아회의 기록들(시詩, 화畵)을 그대로 모아 시화첩을 만들어 자손에게 가보로 수장하게 하려 한다는 뜻을 밝힌다. 귀록의 시령에 자신(이춘제)은 원래 '시학을 좋아하지 않았고 시 짓는 것에 마음을 두지 않았다는 이유를 들며 피하다가 귀록의 책망에 파계하여 시를 화답한다는 이춘제의 모습이 익살스럽고 흥미롭다.

절경의 장소에서 좋은 벗들과 함께 산행을 하고 계곡에서 탁족 등의 물놀이를 함께하고 정자에 모여 운을 띄우며 서로 시로 화답 하는 모습이 정녕 그립고 아름답다. 이 평생 으뜸이었던 아회가 파 함을 아쉬워하며 다음에 또 만나자는 뒷기약 두며 헤어지는 모습 에 여운이 느껴진다.
서원주인西園主人 이춘제의 칠언율시七言律詩가 귓가에 울린다.

小園佳會偶然成,
杖屨逍遙趁晚晴,
仙閣謝煩心已靜,
雲巒耽勝脚益輕,
休言滾陟勞今夕,
誇託來游冠此生,
臨罷丁寧留後約,
將軍風致老槎淸。

소원의 가회(기쁘고 즐거운 모임) 우연히 이루어지니
지팡이 들고 짚신 신고 비 걷힌 저녁 산을 소요하네.
선객(신선)이 번거로움 사양하니 마음 이미 고요하고

구름 산 승경 찾으니 다리 가볍네.

멀리 올라 오늘 저녁 피곤하다 말하지 말게.

자랑하며 와서 논(유람한) 것 이 생애 제일(으뜸).

파함에 임해 정녕 지체하며 뒷기약 두니

장군의 풍치와 사천 노장의 맑은 뜻일세.

(歸鹿方帶將符, 且每自稱將軍故云.)

(귀록이 바야흐로 장수의 증표를 띠고, 또 매양 장군이라 자칭하기
에 이렇게 읊는다.)

2. 〈서원소정기西園小亭記〉

▲도 2. 조현명趙顯命 (1691~1752), 《서원아회첩西園雅會帖》 중
〈서원소정기西園小亭記〉 (경신년庚申年 여름, 1740), 지본수묵紙本水墨,
개인소장 (사진촬영 1975년 이영재)

〈서원소정기西園小亭記〉는 서원아회西園雅會가 이루어졌던 그 다음해 여름(경신년庚申年, 1740) 이춘제가 편지로 자신의 집 후원後園 정자인 '서원소정西園小亭'의 이름을 택하여 달라는 부탁을 받은 귀록 조현명이 이에 답하여 보내준 글이다.

먼저 〈서원소정기西園小亭記〉의 내용을 알아보자.

西園小亭記

李仲熙 西園之亭, 占北山佳處, 溪壑 窈以深, 面界 敞以豁左右 古松森然, 即其中, 級之爲階, 而花竹列焉, 坎之爲池, 而菱芡被焉. 位置甚整, 妙有韻致, 沿北山一帶, 蓋多名園勝林, 而獨仲熙之亭, 擅其勝絶焉.

一日 仲熙書來, 以爲斯亭之成, 適在吾知非年, 故或名之爲四九, 以且在洗心臺, 玉流洞之間, 故或明之爲先玉, 子其擇焉.

余復之曰, 四十知非, 雖君子所以進德者, 然其於名斯亭也, 汎以不切, 玉流 洗深, 顧卽足, 以重斯亭也. 余嘗登子之亭, 而賦詩曰, 槎川佳句 謙齋畵, 左右招邀作主人, 亭之名, 在是矣.

夫李杜之詩, 顧陸之畵, 名於天下. 然其生也, 落落相先後, 不與之同時竝峙, 雖以香爐之瀑, 洞庭之樓, 有詩而無畵, 此千古勝地之恨也.

今槎川謙齋氏之詩與畵, 俱可爲 妙絶於一世, 而其所居, 皆不遠於子之亭也. 夫以斯亭之勝, 又幸隣於二氏, 日以杖屨, 相周施

於一席, 殆若左李杜, 而右顧陸。何其威也。溪山烟雲, 朝暮之變
態, 風花雪月, 四時之佳景, 無不入於嚶哢揮灑之中, 而詩之所不
能形者, 畵或有以形之, 畵之所不能發者, 詩或有以發之, 蓋與
之相須, 而不可以相無也。

　於是 亭之勝絶者, 遇二氏而三勝具焉。余故名是亭, 曰三勝,
遂爲之記。

　庚申 季夏 歸鹿山人記

　"이중희(이춘제)의 '서원'의 정자가 북산 아름다운 곳을 차지하니
계곡은 그윽하고 깊으며 면계는 좌우로 트여 있고 고송이 빽빽하
다. 곧 그중에 층을 지어 계단을 삼고 꽃과 대나무를 벌려 심었으
며, 구덩이를 파 못을 만들고 마름과 가시연을 놓았다. 위치가 깊고
정연하여 신묘한 운치가 있으니, 북산 일대에 대개 명원승림이 많으
나 중희의 정자가 그 빼어남을 독차지하였다.

　하루는 중희의 편지가 도착하였는데 "이 정자가 완성되는 때가
마침내 지비지년知非之年[4](50세, 만 49세)이 되니 그런고로 혹 '사
구'를 그 이름으로 삼을까 또 '세심대'와 '옥류동'의 사이에 있으니
그런고로 혹 '세옥'을 그 이름으로 삼을까도 하는데, 그대가 선택하
여 주시오" 하였다. 내가 답하여 말하기를, "사십의 잘못을 아는 것
이 비록 군자가 덕을 닦아 나아가야 할 바이기는 하나 이 정자에
그 이름을 붙이기에는 적절치 않고, 또 옥류동과 세심대는 돌아보

면 곧 족한데 (그것을 이름으로) 중복하는 것은 정자의 격을 떨어뜨리네. 내가 일찍이 그대의 정자에 올라 시를 지어 이르기를, '사천의 시와 겸재의 그림을 좌우로 불러 맞아들여 주인이 되었다' 하였으니 정자의 이름은 여기에 있네. 무릇 이태백·두보의 시와 고개지·육탐미의 그림은 천하에 이름이 났으나 그 출생한 것이 각각 떨어져서 앞뒤로 달리하여 동시에 더불어 어깨를 나란히 하지 못하였기에 비록 향로봉의 폭포, 동정호의 누각에 시는 있되 그림은 없었으니 이는 천고승지의 한스러움이었다. 지금 사천, 겸재 씨의 시와 그림은 모두 같이 가히 일세에 가장 뛰어나다 할 수 있고 그 사는 곳이 모두 그대의 정자에서 멀지 않네. 무릇 이 정자의 빼어남으로 또 다행히 두 씨(두 분께)에 인접하여 매일 지팡이를 들고 짚신을 신고 서로 한 자리에 오갈 수 있으니 이것은 거의 이태백과 두보를 왼편에 두고 고개지, 육탐미를 우측에 둔 것과 같으니 그 얼마나 위엄(존엄)한가. 계산에 끼는 안개구름이 아침과 저녁으로 변하는 모습과 바람에 살랑대는 꽃으로부터 눈 위에 비치는 달빛에 이르는 사시(사계절)의 아름다운 경치가 시와 그림 속에 들어오지 않음이 없는데, 시가 형용할 수 없는 바는 혹 그림이 형용하는 것에 있고 그림이 발현하지 못하는 바의 것은 혹 시가 그것을 발현하는 것이 있기에 대개 서로 더불어 꼭 필요하여 없을 수 없다. 이에 정자의 빼어난 것이 이씨(사천과 겸재)를 만나 삼승을 갖추게 되었다. 나는 그런고로 이 정자의 이름을 '삼승'이라 하고 마침내 이를 위하여 기록한다. (기를 짓는다)

경신년 계하(1740년 계절 여름에) 귀록산인이 적는다[5]."

이 〈서원소정기西園小亭記〉를 지은 귀록 조현명은 이어 시 한 수를 지어 적는다.

迢遞西亭出世塵,
種花成列鑿池新,
槎川佳句謙齋畵,
左右招邀作主人。

아득히 둘러진 서원소정 세상의 티끌을 몰아내고
꽃을 심어 성렬하고[6] 연못을 새로 팠네.
사천의 아름다운 시구와 겸재의 그림을
좌우로 불러 맞이하여 주인이 되었네.

〈서원소정기西園小亭記〉는 크게 이중희의 집 후원과 그 정자 서원소정의 위치와 정경을 묘사한 도입부와 서원정자의 이름을 '삼승정三勝亭'이라 짓게 되는 이유와 과정을 보여주는 본문, 그리고 첨부된 칠언율시 세 부분으로 나누어진다.

첫 부분은 서원의 단장이 마무리되는 때가 마침 자신의 지비지년知非之年(50세, 만 49세)이 되는데, 이에 집 후원 정자인 서원소정西園小亭의 이름을 자신이 지은 '사구정四九亭'과 '세옥정洗玉亭'

중에서 택하여 달라 청하는 이중희(이춘제)의 편지에 귀록 조현명은 먼저 이중희의 후원 정자인 서원소정의 위치와 정경에 관한 세세한 설명과 묘사를 한다.

李仲熙 西園之亭, 占北山佳處, 溪壑 窈以深, 面界 敞以豁左右 古松森然, 卽其中, 級之爲階, 而花竹列焉, 坎之爲池, 而菱芡被焉。位置甚整, 妙有韻致, 沿北山一帶, 蓋多名園勝林, 而獨仲熙之亭, 擅其勝絶焉。

"이중희(이춘제)의 '서원'의 정자가 북산 아름다운 곳을 차지하니 계곡은 그윽하고 깊으며 면계는 좌우로 트여 있고 고송이 빽빽하다. 곧 그중에 층을 지어 계단을 삼고 꽃과 대나무를 벌려 심었으며, 구덩이를 파 못을 만들고 마름과 가시연을 놓았다. 위치가 깊고 정연하여 신묘한 운치가 있으니, 북산 일대에 대개 명원승림이 많으나 중희의 정자가 그 빼어남을 독차지하였다[7]."

서원과 정자의 모습을 서술해놓은 위 기록과 이어지는 소정의 이름을 '삼승정三勝亭'이라 짓게 되는 연유와 과정, 그리고 마지막 시문을 살펴보면, 귀록이 서원아회西園雅會(기미년 여름, 1739) 후 이춘제의 요청에 의하여 겸재가 그려준 '서원소정西園小亭'도(도 6)와 '한양전경漢陽全景'도(도 7)를 본 후 이 〈서원소정기西園小亭記〉를 짓지 않았나 생각된다[8]. 그만큼 경지를 뛰어넘은 겸재의 필력이 돋보이는 위 두 그림과 내용이 꼭 맞아떨어진다.

▲도 6. 정선鄭敾,《서원아회첩西園雅會帖》중〈서원소정西園小亭〉
(경신년庚申年, 1740), 견본담채絹本淡彩, 67.5 x 40.0cm, 개인소장

▲도 7. 정선鄭敾,《서원아회첩西園雅會帖》중〈한양전경漢陽全景〉
(경신년庚申年, 1740), 견본담채絹本淡彩, 67.5 x 40.0cm

이제 본격적으로 소정의 이름을 짓게 되는 연유와 과정을 알아보자.

一日 仲熙書來, 以爲斯亭之成, 適在吾知非年, 故或名之爲四九, 以且在洗心臺, 玉流洞之間, 故或明之爲先玉, 子其擇焉. 余復之曰, 四十知非, 雖君子所以進德者, 然其於名斯亭也, 汎以不切, 玉流 洗深, 顧卽足, 以重斯亭也. 余嘗登子之亭, 而賦詩曰, 槎川佳句 謙齋畵, 左右招邀作主人, 亭之名, 在是矣.

夫李杜之詩, 顧陸之畵, 名於天下. 然其生也, 落落相先後, 不與之同時竝峙, 雖以香爐之瀑, 洞庭之樓, 有詩而無畵, 此千古勝地之恨也.

今槎川謙齋氏之詩與畵, 俱可爲 妙絶於一世, 而其所居, 皆不遠於子之亭也. 夫以斯亭之勝, 又幸隣於二氏, 日以杖屨, 相周施於一席, 殆若左李杜, 而右顧陸. 何其盛也. 溪山烟雲, 朝暮之變態, 風花雪月, 四時之佳景, 無不入於唫哢揮灑之中, 而詩之所不能形者, 畵或有以形之, 畵之所不能發者, 詩或有以發之, 蓋與之相須, 而不可以相無也.

於是 亭之勝絶者, 遇二氏而三勝具焉. 余故名是亭, 曰三勝, 遂爲之記.

庚申 季夏 歸鹿山人記

"하루는 중희의 편지가 도착하였는데 "이 정자가 완성되는 때가 마침내 지비지년(50세, 만49세)이 되니 그런고로 혹 '사구'를 그 이름으로 삼을까 또 '세심대'와 '옥류동'의 사이에 있으니 그런고로 혹 '세옥'을 그 이름으로 삼을까도 하는데, 그대가 선택하여 주시오" 하였다. 내가 답하여 말하기를, "사십의 잘못을 아는 것이 비록 군자가 덕을 닦아 나아가야 할 바이기는 하나 이 정자에 그 이름을 붙이기에는 적절치 않고, 또 옥류동과 세심대는 돌아보면 곧 족한데 (그것을 이름으로) 중복하는 것은 정자의 격을 떨어뜨리네. 내가 일찍이 그대의 정자에 올라 시를 지어 이르기를, '사천의 시와 겸재의 그림을 좌우로 불러 맞아들여 주인이 되었다' 하였으니 정자의 이름은 여기에 있네. 무릇 이태백·두보의 시와 고개지·육탐미의 그림은 천하에 이름이 났으나 그 출생한 것이 각각 떨어져서 앞뒤로 달리하여 동시에 더불어 어깨를 나란히 하지 못하였기에 비록 향로봉의 폭포, 동정호의 누각에 시는 있되 그림은 없었으니 이는 천고승지의 한스러움이었다. 지금 사천, 겸재 씨의 시와 그림은 모두 같이 가히 일세에 가장 뛰어나다 할 수 있고 그 사는 곳이 모두 그대의 정자에서 멀지 않네. 무릇 이 정자의 빼어남으로 또 다행히 두 씨(두 분께)에 인접하여 매일 지팡이를 들고 짚신을 신고 서로 한 자리에 오갈 수 있으니 이것은 거의 이태백과 두보를 왼편에 두고 고개지, 육탐미를 우측에 둔 것과 같으니 그 얼마나 위엄(존엄)한가. 계산에 끼는 안개구름이 아침과 저녁으로 변하는 모습과 바람에 살랑대는 꽃으로부터 눈 위에 비치는 달빛에 이르는 사시(사계절)의 아름다운 경치가 시와 그림 속에 들어오지 않음이 없는데, 시가 형용할 수 없는 바는 혹 그림이 형용하는 것에 있고 그림이 발현하지 못하는 바의 것은 혹 시가 그것을 발현하는 것이 있기에 대개 서로 더불어 꼭 필요하여 없을 수 없다. 이에 정자의 빼어난 것이 이씨(사천과 겸재)를 만나 삼승을 갖추게 되었다. 나는 그런고로 이 정자의 이름을 '삼승'이라 하고 마침내 이를 위하여 기록한다. (기를 짓는다)

경신년 계하(1740년 계절 여름에) 귀록산인이 적는다.''

이 〈서원소정기西園小亭記〉 본문의 내용을 보면, 서원아회西園雅會가 이루어진 지 꼭 일 년 후에 이중희(이춘제)가 귀록 조현명에게 자신이 지은 집 후원 내 정자의 이름 '사구정四九亭'과 '세옥정洗玉亭' 중 택하여 달라는 편지를 보냈음을 알 수 있다. 이춘제는 이러한 청을 하는 이유를 이렇게 말하고 있다.

一日 仲熙書來, 以爲斯亭之成, 適在吾知非年, 故或名之爲四九, 以且在洗心臺, 玉流洞之間, 故或明之爲先玉, 子其擇焉。

"이 정자가 완성되는 때가 마침내 지비지년(50세, 만 49세)이 되니 그런고로 혹 '사구'를 그 이름으로 삼을까 또 '세심대'와 '옥류동'의 사이에 있으니 그런고로 혹 '세옥'을 그 이름으로 삼을까도 하는데, 그 대가 선택하여 주시오."

이유인즉, 서원의 정자가 완성되는 때가 마침내 자신의 지비년知

非年(지비지년知非之年)이 되므로 이를 기념하여 정자의 이름을 '사구정四九亭'이라 지을까 혹은 정자의 위치가 세심대洗心臺와 옥류동玉流洞 사이에 있으니 '세옥정洗玉亭'이라 할까 귀록 조현명에게 조언을 구하게 되었고 이에 조현명은 이중회(이춘제)가 지은 정자의 두 이름이 모두 어울리지 않음을 지적하고 정자의 빼어난 위치와 풍광이 당대 최고였던 겸재 정선의 그림과 사천 이병연의 시와 함께 '삼승三勝[9]'을 이루었다는 것을 연유로 정자(소정)의 이름을 '삼승정三勝亭'이라 칭하기를 권유하고 이 기록을 〈서원소정기西園小亭記〉로 적어 이춘제에게 회답하였던 것이다.

　하지만 이 부분에서 좀 석연치 않은 점이 눈에 띈다. 기존의 연구에서 이〈서원소정기〉의 내용과 씌어진 기년(경신 1740)을 근거로 이 해를 이춘제의 지비년知非年(50세, 만 49세)으로 보았는데 이는 정확치 않다.《사마방목司馬榜目[10]》, 국조문과방목國朝文科榜目[11]》등 시험 관련 기록들과《조선왕조실록》에 이춘제의 생년生年(1692)과 몰년沒年(1761)이 전하는데 이 기록들을 토대로 이춘제의 지비년을 계산해보면 신유년辛酉年(영조 17, 1741)이 되어야 정확하다.

　또 하나, 앞에서 살펴보았던 것처럼〈서원소정기〉의 도입부 내용과 겸재 정선의 '서원소정西園小亭'도와 '한양전경漢陽全景'도가 일치하기에 귀록이 이〈서원소정기西園小亭記〉를 쓰기 전 위 겸재의 두 폭 그림을 보았고, 따라서 '서원소정'도와 '한양전경'도 두 그림은《서원아회첩西園雅會帖》앞부분에 첨부되어 있던 겸재의 세 폭 그림 '서원아회'도, '옥동척강'도, '풍계임류'도(기미년 1739)와는 시차를 두어 경신년(1740)[12]에 그려졌다고 볼 수 있다. 그렇지만 이 부분도 명확치 않다.〈서원소정기西園小亭記〉의 도입부 내용[13]과 본문 첫 부분을 살펴보면, '以爲斯亭之成, 適在吾知非年'(이 정자가 완성되는 때가 마침내 지비지년(50세, 만 49세)이 되니)이라는 문구가 눈에 띈다. 이 내용과 문구에 따르면 이춘제의 지비(지)년이 신유년辛酉年(1741)이므로 귀록 조현명이 이〈서원소정기西園小亭記〉를 지었던 경신년庚申年(1740) 당시에는 아직 서원西園과 정자(소정小亭)를 꾸미고 단장하는 치원사업治園事業이 끝나지 않았음을 알 수 있다.[14] 하지만 '서원소정'도와 '한양전경'도 그림을 살펴보면 정원과 정자가 완성되었음을 알 수 있다. 위 내용으로 미루어보면 겸재의 '서원소정'도와 '한양전경'도가 이춘제의 지비(지)년인 신유년辛酉年(1741)에 그려졌을 가능성도 배제할 수 없다.

이상에서《서원아회첩西園雅會帖》내內〈서원아회기西園雅會記〉와〈서원소정기西園小亭記〉의 내용을 통하여 서로 풍광이 뛰어난 정원의 정자에서 만나 주변의 자연과 승경勝景을 유람하고 탁족과 물놀이를 즐기고 파하기 전에 모여 서로 운韻을 띄우고 시를 짓고 차운次韻하여 화답하며 아회가 파罷함을 아쉬워하는, 그리고 정자의 이름을 지음에 벗에게 의견을 구하고 또 그 요청에 근거根據와 전거典據를 들어 이름을 정하고 권하매 이러한 모든 기록을 남기며 시 한 수로 마무리하는 조선시대 사대부 문인들의 풍류風流의 전형적인 한 모습을 볼 수 있었다.

귀록歸鹿 조현명趙顯命의 칠언시가 향기롭다.

沼遞西亭出世塵,

種花成列鑿池新,

槎川佳句謙齋畵,

左右招邀作主人。

아득히 둘러진 서원소정 세상의 티끌을 몰아내고

꽃을 심어 성렬하고 연못을 새로 팠네.

사천의 아름다운 시구와 겸재의 그림을

좌우로 불러 맞이하여 주인이 되었네.

1) 최완수, 상동서(현암사, 2009), p. 24.
　최완수, 상동서(범우사, 1993), p. 190.
　이강호, 상동서(삼화인쇄주식회사, 1978), p. 15.

2) 춘추시대의 민요를 중심으로 하여 모은, 중국에서 가장 오래된 시집.
　황허[黃河] 중류 주위안[中原] 지방의 시로서, 시대적으로는 주초[周初]부터 춘추春秋 초기
까지의 것 305편을 수록하고 있다. 본디 3,000여 편이었던 것을 공자가 311편으로 간추
려 정리했다고 알려져 있지만, 오늘날 전하는 것은 305편이다. 시경은 풍風, 아雅, 송頌 셋
으로 크게 분류되고 다시 아雅가 대아大雅, 소아小雅로 나뉘어 전해진다. 풍(國風이라고
도 함)은 여러 나라의 민요로 주로 남녀 간의 정과 이별을 다룬 내용이 많다. 아(雅)는
공식 연회에서 쓰는 의식가儀式歌이며, 송은 종묘의 제사에서 쓰는 악시樂詩이다.

　각부를 통하여 상고인上古人의 유유한 생활을 구가하는 시, 현실의 정치를 풍자하고 학
정을 원망하는 시들이 많은데, 내용이 풍부하고, 문학사적 평가도 높으며, 상고의 사료
史料로서도 귀중하다. 원래는 사가소전四家所傳의 것이 있었으나 정현鄭玄이 주해를 붙
인 후부터 '모전毛傳'만이 남았으며, 그때부터 《모시毛詩》라고도 불렸다. 당대唐代에는
《오경정의五經正義》의 하나가 되어 경전화하였다.
[두산백과사전]

3) 최완수, 상동서(현암사, 2009), p. 24.
　최완수, 상동서(범우사, 1993), p. 190.
　이강호, 상동서(삼화인쇄주식회사, 1978), p. 15.

4) 나이 50세(만 49세)를 가리킨다.
　위衛나라의 대부大夫 거백옥이 나이 50이 됨에 지난 49년의 잘못을 알게 되었다 말했
던 것에서 유래되었다.

5) 최완수, 상동서(현암사, 2009), p. 24.
　최완수, 상동서(범우사, 1993), p. 190.
　이강호, 상동서(삼화인쇄주식회사, 1978), p. 15.

6) 줄을 이루게 하고.

7) 〈서원소정기西園小亭記〉의 이 내용이 겸재의 '서원소정'도와 '한양전경'도에 그대로 나타
난다.
8) 《서원아회첩西園雅會帖》 중 〈한양전경漢陽全景〉도와 〈서원소정西園小亭〉도가 그려진
연대가 명확치 않다. 뒷부분의 내용을 참조하기 바란다.

9) 세 가지 빼어남.

10) 조선시대 사마시司馬試: 監試 급제자의 명부.
　처음으로 소과小科에 급제한 진사進士, 생원生員의 성명·자字·생년간지生年干支·본
관·주소 등을 비롯하여, 부父의 관위官位·생존 여부, 형제의 이름·자 등을 상세히 기록
하였다.
　식년시式年試와 증광시增廣試가 있은 뒤 인쇄하여 관계자에게 배부하였는데, 책머리에

는 은문恩門이라는 시관명試官名을 적고, 책 끝에는 방중색장榜中色掌·공포색장貢布色掌·수권색장收卷色掌·시제試題·시험날짜 등을 수록하였다. 지금까지 전해지는 사마방목은 1501년(연산군 7)에 반포된 '홍치 14년 신유 2월 생원방(弘治十四年辛酉二月生員榜)' 등 149종에 달한다.
[두산백과사전]

11) 조선 태조 초기부터 1877년(고종 14)까지의 문과文科 급제자를 기록한 책.
필사본. 10권 10책. 20.2×20㎝. 규장각도서. 책머리에 958년(고려 광종 9) 한림학사 쌍기雙冀의 헌의獻議에 따라 시부詩賦·송頌 및 시무책時務策으로 진사進士를 시험 임명한 일과 고려 역대의 과거에 급제한 인명 약간을 덧붙이고 있다.

12) 귀록歸鹿 조현명趙顯命의 〈서원소정기西園小亭記〉가 쓰어지기 전.

13) 〈서원소정기西園小亭記〉 내용 참조.

14) '서원소정'도, '한양전경'도와 귀록의 〈서원소정기〉가 그러지고 기록된 당시 서원과 정자의 모습 외에 또 다른 치원사업이 진행 중이었을 가능성도 있다.

04

겸재謙齋 정선鄭敾(1676~1759)의
기록화와 기·제시

1. 기록화

(1) 〈서원아회西園雅會〉

〈서원아회西園雅會〉도는 겸재謙齋 64세(만 63세) 시 기미년己未年(영조 15년, 1739)에 《서원아회첩西園雅會帖》내內 첫 부분에 그려 넣으신 세 폭의 진경산수인물화 중 한 폭으로, 아회첩 약 40면 중 둘째 면(왼쪽 면)에 그려져 있는 작품이다.

이 그림은 앞서 언급했던 것처럼 기미년己未年(영조 15년, 1739) 여름 이춘제李春躋의 집 후원後園인 서원西園과 그 정자 서원소정西園小亭에서 아회에 모인 이중희李仲熙(이춘제李春躋), 조치회趙稚晦(조현명趙顯命), 송원직宋元直(송익보宋翼輔), 서국보徐國寶(서종벽徐宗璧), 심시서沈時瑞(심성진沈星鎭), 조군수趙君受(?), 정선鄭敾, 이병연李秉淵 8인人 중 겸재 정선을 제외한 7인이 서원과 소정에서 만나는 장면을 그린 그림인데 현재 그림의 소재를 알 수 없어 확인치 못해 아쉽다. 이 '서원아회' 그림과 현재 각 개인소장으로 흩어진 작품들을 제외한 기기와 시詩들 기록이 담겨 있는 《서원아회첩西園雅會帖》이 이춘제의 후손가後孫家에 잘 보장保藏되어 있기를 바란다.

　이춘제의 후원 정자에서 아회가 이루어지는 과정을 서원주인 이춘제가 지은 아회기의 내용을 통하여 다시 한 번 살펴보자.

　休官以來, 病懶相成, 未窺家後小圓者, 久矣, 宋元直, 徐國寶, 約沈時瑞, 趙君受兩令, 以謀小會, 歸鹿趙台, 聞風而至。

　"휴관 이래 병과 게으름이 상성하여 집 뒤 소원(서원소정)을 들여다보지 못한 지 오래되었는데, 송원직, 서국보가 심시서, 조군수 두 영감과 약속하고 작은 모임(소회)을 도모했는데, 귀록 조대감이 소식을 듣고 이르렀다."

　《서원아회첩西園雅會帖》에 담겨 있던 그림들과 기·시 등 작품들과 아회첩의 의미를 온전히 이해하기 위해서는 이 시기 전후의 붕당정치朋黨政治의 상황을 알아보는 것이 필요하다.

　숙종肅宗(1661~1720) 대代 초기 남인南人과 소론小論이 연합하여 노론老論을 압박하지만 결국 경신환국庚申換局[1]으로 다시 노론이 집권하게 되고, 경종景宗(1688~1724)이 집권하면서 잠시 소론이 정국을 주도하게 되지만 경종이 4년 만에 사망하자 노론계老論係인 영조英祖(1694~1776)가 즉위하게 된다. 즉위 후 영조는 왕권을 한층 강화시키고 영조 3년(1727) 새로운 정국운영을 위하여 정미환국丁未換局[2]을 단행한다. 당파싸움을 없애기 위한 영조의 조처로 '탕평의 실현'이라는 명목 아래 내려진 극적사건이라 할 수 있다. 이를 계기로 일부 소론들도 기용되었지만 결과적으로는 영조의 바람과 달리 노론이 집권하는 계기가 된다. 이에 위기를 느낀 소론小論을 중심으로 일부 남인南人까지 합세하여 〈이인좌의 난[3]李麟佐之亂〉을 일으키게 된 것이다.

〈이인좌의 난〉이 평정되고 정국이 안정을 찾아가자 영조는 왕권을 더욱 강화하게 되고 또한 더욱 강력한 탕평책의 실시 의지를 밝힌다. 그러나 영조의 이러한 강력한 탕평책蕩平策 실시에도 노론과 소론의 대립은 계속되었다. 지난 경종 대에 있었던 신임사화辛壬士禍[4] 때 역적으로 몰려 죽임을 당한 김창집金昌集·이이명李頤命·이건명李健命·조태채趙泰采 등 노론 4대신의 신원 문제에 있어 노론과 소론 간의 극명한 입장 차가 있었기 때문이다. 김창집金昌集(1648~1722)은 사천 이병연과 겸재 정선의 스승인 삼연三淵 김창흡金昌翕(1653~1722)의 형이었으며, 겸재 정선은 그의 나이 38세 시 김창집의 천거로 도화서 화원과 음직으로 벼슬길에 올랐다.

노론과 소론 간의 이러한 대립이 계속되었지만 영조의 탕평정책이 어느 정도 효과를 거두고 있었다. 영조는 조문명趙文命·송인명宋寅明 등 소론 출신 탕평론자를 중용하여 각 당의 정계진출 명분을 세워주고 노론과 소론의 병용倂用으로 세력의 균형과 화합을 이루기 위한 방편으로 신임옥사에 대한 시비의 절충을 시도한다.

왕세제(영조)의 대리청정을 주청했던 노론 4대신은 원칙적으로 무죄이지만 경종 제거음모에 가담한 죄인의 친족인 이이명李頤命·김창집金昌集만은 유죄로 하는 1729년의 기유처분己酉處分을 단행한 것이다. 기유처분으로 영조는 노론 강경파들을 몰아내고 소론의 조문명·조현명·송인명·서명균 등과 노론의 홍치중洪致中·김재로金在魯·조도빈趙道彬 등 탕평파 인사를 주축으로 '노·소연합정권'을 구성함으로써 비로소 탕평을 실현하였다.

탕평파 인사는 쌍거호대雙擧互對 방식으로 이루어졌는데, 이는 한쪽의 인물을 불러다 쓰면 반드시 그만한 직위에 그 상대당의 인물을 기용하는 것으로, 각 붕당의 의리義理나 공론公論을 부정하고 노·소론의 견제와 화합을 위한 것이었다.

이러한 탕평책은 서원아회西園雅會가 이루어지는 1739년까지 계속된다. 그러나 이후 영조는 신임사화에 자신이 관련되었다는 혐의를 벗기 위하여 신임사화 자체를 무고에 의한 역옥으로 판정하는 경신처분庚申處分을 단행한다. 이로써 신임사화로 죽임을 당한 노론 4대신 중 기유처분 때 신원되지 못했던 김창집과 이이명이 신원된다. 11년 전 노·소 탕평을 위하여 자신이 내렸던 기유처분의 결정을 뒤집게 되었던 것이다. 경신처분 이후 자연스럽게 노론 쪽으로 힘이 더욱 실리게 되었다.

경신처분에 고무된 노론들은 노론 4대신 이외에 역모와 관련되어 사사된 인물들의 신원도 요구하였으나 영조는 이 요구를 일부만 받아들이는 신유대훈辛酉大訓(1741)을 발표한다. 노론 4대신은 억울한 죽음을 당한 것이지만 임인옥사에 관련된 인물들의 역심은 인정한다는 것이었다. 이렇듯 영조의 탕평정책은 어느 정도 효과를 거두었지만 노론과 소론의 대립을 근본적으로 없애지는 못했다. 이러한 시기에 이 당시 소론의 대표자들과 노론계인 겸재 정선[5], 사천 이병연이 만나 이《서원아회첩西園雅會帖》을 만들게 되었던 것이다.

(2) 〈옥동척강玉洞陟崗〉

▲도 4. 정선鄭敾 (1676~1759),《서원아회첩西園雅會帖》중 〈옥동척강玉洞陟崗〉
(기미년己未年 여름, 1739), 견본담채絹本淡彩, 34.5 x 34.0cm, 개인소장

〈옥동척강玉洞陟崗〉도는 겸재謙齋 64세(만 63세) 시 기미년己未年(영조 15년, 1739)에《서원아회첩西園雅會帖》내內 앞부분에 그려 넣으신 세 폭의 진경산수인물화 중 한 폭으로, 아회첩 약 40면 중 셋째 면(오른쪽 면)에 그려져 있는 작품이다.

이 그림은 앞서 언급했던 것처럼 기미년己未年(영조 15년, 1739) 여름 이춘제李春躋의 집 후원後園인 서원西園과 그 정자 서원소정西園小亭에서 아회에 모인 이중희李仲熙(이춘제李春躋), 조치회趙稚晦(조현명趙顯命), 송원직宋元直(송익보宋翼輔), 서국보徐國寶(서종벽徐宗璧), 심시서沈時瑞(심성진沈星鎭), 조군수趙君受(?), 정선鄭敾, 이병연李秉淵 8인人 중 겸재 정선을 제외한 7인이 서원의 정자에서 만난 후 정자에서 갑자기 쏟아진 비를 피하고 있다 비가 갠 후 집 후원(서원)을 나와 옥류동 천석 사이를 유람하다 귀록 조현명이 앞장서 옥류동玉流洞에서 청풍계淸楓溪를 넘는 등산을 감행하게 되는데 그 장면을 겸재가 포착하여 그린 것이다. 이 장면을 아회의 주인인 이춘제가 직접 지은 아회기의 내용과 비교하며 다시 음미하여 보자.

于時驟雨飜盆, 後晴, 登臨西園, 仍又聯袂, 雨出柴扉, 徘徊於玉流泉石, 歸鹿忽飛笻着芒, 攀崖陟嶺, 步履之捷, 不減小壯, 諸公躋後, 無不膚汙氣喘, 以俄頃之間, 乃能越巒, 而度壑, 楓溪之心庵 古亭, 倏在目下。此殆詩所謂, 終踰絶險, 曾是不意者也。

"그때 소나기가 내려 물이 넘쳐흘러, 갠 후에 올라 서원(소정)에 임하여 아래를 내려다보았다. 좇으며 또 연몌連袂하며 시선을 나와 옥류천석에서 배회하는데 귀록이 홀연히 지팡이를 날리며 짚신을 신고 비탈을 타며 산마루를 오른다. 걸음이 빠른 것이 소장小壯에 덜하지 않아 제공이 뒤따라 오르는데 땀이 나고 숨차지 않음이 없었는데 잠깐 사이에 산등성이를 넘고 골짜기를 지날 수 있어서 (청)풍계의 (원)심암과 (태)고정이 홀연 눈 아래 있다. 이것은 당초 시경에 이르기를 '마침내 절험을 넘었으니 이것은 일찍이 뜻한 바가 아니다'라 한 것과 같다."

그림을 살펴보면, 좌측 하단에 이춘제의 집 후원 담이 그려져 있고 후원 안에 송림이 표현되어 있다. 화면의 좌측 하단에서 중앙의 상단으로 사선으로 이어지는 가파른 고갯길이 그려져 있는데, 길의 왼편은 여러 형태의 바위들과 산이 이어져 올라가고 길 오른쪽은 가파른 절벽이다. 사선으로 이어지는 고갯길에 겸재 정선을 제외한 산행을 하는 아회 참가자 7인의 모습이 나타난다. 제일 앞장서서 지팡이를 들고 산등성이를 오르는 이가 귀록 조현명 대감이다. 길 왼쪽의 산은 다른 산봉우리로 이어져 화면의 오른편 상단으로 흘러가고 화면의 우측 중·하단에 단조로움을 피하려 송림을 표현하였다. 겸재는 화면 우측 상단에 '옥동척강玉洞陟崗[옥류동 산등성이를 오르다]'이라 제하고 '겸재謙齋'라 관서하였다. 산등성이를 오르는 고갯길이 사선으로 뻗어 있어 동적인 느낌을 주나 또 산과 송림으로 둘러싸인 옥류동 산등성이의 모습은 정적인 느낌이 들어 절묘한 운치를 주는 그림이다.

(3) 〈풍계임류楓溪臨流〉

〈풍계임류楓溪臨流[(청)풍계의 흐르는 물에 임하다]〉도는 겸재謙齋 64세(만 63세) 시 기미년己未年(영조 15년, 1739)에《서원아회첩西園雅會帖》내內 앞부분에 그려 넣으신 세 폭의 진경산수인물화 중 한 폭으로, 아회첩 약 40면 중 넷째 면에 그려져 있는 작품이다.

이 〈풍계임류〉도는 아회 참가자 7인(겸재포함 8인)이 옥류동 산등성이를 넘는 산행 후 마침내 풍계楓溪(청풍계淸楓溪)의 한 줄기 폭포에서 내린 물이 졸졸 흐르는 시냇가에 앉아 산행으로 젖은 갓 끈을 빨고 흐른 땀을 씻어내는 정경을 담은 그림인데 현재 그 소재를 알 수 없어 확인하지 못해 아쉽다[6]. 1970년대 후반 당시 한 사업가가 이 그림을 구입하였는데 지금까지 그 집안에 잘 소장되어 있기를 바란다. 1980년대 한 화랑의 전시도록에 이 〈풍계임류〉그림이 실렸다 하는데 이미지를 찾지 못하였다. 비록 그림을 찾지 못하여 아쉽지만 이춘제의 서원아회(기)의 내용을 통하여 이 장면을 머리에 그려보자.

及其穿林而下, 臨溪而坐, 卽一條懸瀑, 潺溪石間。濯纓濯足, 出滌煩襟, 去之膚汗而氣喘, 咸曰 微豊原, 安得務此, 今谷之游, 實冠平生。

"마침내(급기) 숲을 뚫고 내려가 시내에 임하여 앉으니 곧 한 줄기 걸린 폭포가 바위 사이로 졸졸 흐른다. 갓 끈을 빨고 갓을 씻고 답답한 가슴을 내어 씻어 땀나고 숨찬 것을 다 털어내고 나서 모두 이르기를, '풍원(조현명)이 아니었으면 어찌 이렇게 힘쓸 수 있었겠는가? 오늘 계곡놀이는 실로 평생 으뜸일 것이다'라 하였다."

청풍계의 한 줄기 폭포에서 떨어져 흐르는 물소리가 맴돌듯 이춘제의 시가 귓가에 맴돈다.

小園佳會偶然成,
杖屨逍遙趁晚晴,
仙閣謝煩心已靜,
雲巒耽勝脚益經,
休言澆陟勞令夕,
誇託來游冠此生,
臨罷丁寧留後約,
將軍風致老槎淸。

소원의 가회(기쁘고 즐거운 모임) 우연히 이루어지니
지팡이 들고 짚신 신고 비 걷힌 저녁 산을 소요하네.
선객(신선)이 번거로움 사양하니 마음 이미 고요하고
구름 산 승경 찾으니 다리 가볍네.
멀리 올라 오늘 저녁 피곤하다 말하지 말게.

자랑하며 와서 논(유람한) 것 이 생애 제일(으뜸).

파함에 임해 정녕 지체하며 뒷기약 두니

장군의 풍치와 사천 노장의 맑은 뜻일세.

(歸鹿方帶將符, 且每自稱將軍故云.)

(귀록이 바야흐로 장수의 증표를 띠고, 또 매양 장군이라 자칭하기에 이렇게 읊는다.)

(4) 〈서원소정西園小亭〉

▲도 6. 정선鄭敾, 《서원아회첩西園雅會帖》 중 〈서원소정西園小亭〉
(경신년庚申年, 1740), 견본담채絹本淡彩, 67.5 x 40.0cm, 개인소장

〈서원소정西園小亭〉도는 겸재謙齋 65~66세(만 64~65세) 시 경신년庚申年(영조 16년, 1740~1741)에 《서원아회첩西園雅會帖》 내內

그려 넣으신 두 폭의 진경산수인물화 중 한 폭으로, 아회첩 약 40면 중 중간 면에 그려져 있던 작품이다.

〈서원소정〉도는 조선시대朝鮮時代 사대부士大夫 문인묵객文人墨客 8인人이 당시 지신사知申事[7]로 있던 이춘제의 집 후원인 '서원'과 그 정자 '서원소정'에서 가졌던 아회 1년 후 그려진 그림이라 생각되는데 이 그림 역시 다음 해가 되는 이춘제의 지비(지)년을 기념하여 집안의 가보로 후손에게 물려줄 아회첩(서원아회첩)의 완성을 위하여 겸재 정선에게 정중히 부탁하여 그려진 그림이라 생각된다. 이 〈서원소정西園小亭〉도와 특히 다음 두 면에 전하는 〈한양전경漢陽全景〉도는 화성이라 불리던 겸재라도 그림을 완성하는 데 상당한 시간이 걸렸으리라 생각되는 명작이기 때문이다.

작품을 살펴보기 전에 조선왕조실록朝鮮王朝實錄(영조실록英祖實錄)의 기록을 통하여 아회에 참가했던 겸재 정선과 사천 이병연, 조군수를 제외한 사대부 5인의 당시 직책을 알아보자.

서원주인西園主人 이춘제의 당시(기미년己未年 계하季夏, 1739 여름) 직책은 앞서 언급했듯 지신사였다.[8] 조현명은 당시 우참찬右參賛[9]의 직위에 있었으며 송익보는 강서현령江西縣令[10]으로 있었고 서종벽은 당시 온양목사溫陽牧使[11]였으며 심성진은 승지承旨[12]의 직위에 있었다. 이러한 조선시대 사대부 문인들이 모였던 아회가 이루어진 해(1739)에 앞서 살펴본 겸재의 세 폭(서원아회, 옥동척강, 풍계임류)의 그림이 그려졌고, 이 '서원소정'도와 '한양전경'도는 그 이듬해(1740)에 그려졌다 생각되는데 이해 다시 아회가 이루어졌고 이 두 그림이 그려졌는지 아회첩의 내용을 확인할 수 없어 단언할 수 없다.[13] 지금으로서는 이춘제가 자신의 지비(지)년을 기념하여 《서원아회첩》을 완성하여 후손에게 가보로 물려주기 위하여 겸재에게 두 폭의 그림을 다시 정중히 요청했다 보는 것이 타당하다 생각한다.

그림을 살펴보면, 화면의 중앙에 소정인 모정이 위치해 있고 모정 뒤쪽으로 삼각 모양의 담장이 둘러쳐져 있으며 모정의 좌우전후에 소나무, 잣나무, 버드나무 등 나무 숲이 표현되어 있으며 담장 뒤쪽으로 옥동척강에서 보았던 옥류동玉流洞에서 (청)풍계의 세심대洗心臺로의 산이 운무에 덮여 나타나고 있다. 담장 왼편 한 줄기 폭포수가 떨어지는 옆에 '옥류동'이라 표기되어 있고 담장 오른편 산 밑에 '세심대'라는 표기가 있어 위치를 확인할 수 있다. 화면의 하단 좌우를 보면 이춘제의 후원 정자에 이르는 두 길을 확인할 수 있는데 한 길은 오른쪽 하단의 후원에 이르는 문을 들어서 모정의 오른쪽 송림 사이로 난 길로 정자(소정)에 이르는 길이고 다른 한 길은 화면의 두 인물(이춘제와 하인)이 지나온 길로 화면 왼편 하단에 모정으로 이르는 언덕에 층을 지어 만든 계단을 올라 마름과 가시연이 놓인 연못을 통과하여 이르는 길이다. 귀록 조현명이 지은 '서원소정기' 앞부분의 내용과 꼭 일치한다. 모정과 후원의 정경에 초점을 맞추기 위하여 사면의 가장자리 부분을 운무雲霧 처리하여

《퇴우이선생진적退尤二先生眞蹟帖》 내內 〈풍계유택楓溪遺宅〉
에서처럼 극적효과를 주며 마치 신선이 사는 곳과 같은 느낌을 주
는 그림이다.

(5) 〈한양전경漢陽全景〉

▲도 7. 정선鄭敾, 《서원아회첩西園雅會帖》 중 〈한양전경漢陽全景〉
(경신년庚申年, 1740), 견본담채絹本淡彩, 67.5 x 40.0cm

〈한양전경漢陽全景〉도는 겸재謙齋 65세(만 64세) 시 경신년庚
申年(영조 16년, 1740)에 《서원아회첩西園雅會帖》 내內 그려 넣으신
두 폭의 진경산수인물화 중 한 폭으로, 아회첩 약 40면 중 중간 면
〈서원소정西園小亭〉도 뒤 두 면에 걸쳐 그려져 있던 작품이다.

〈한양전경〉도는 앞서 살펴보았던 〈서원소정〉도와 함께 조선시대

朝鮮時代 사대부士大夫 문인묵객文人墨客 8인人이 당시 지신사知申事로 있던 이춘제의 집 후원인 '서원'과 그 정자 '서원소정'에서 가졌던 아회 1년 후 그려진 그림이라 생각되는데 이 그림 역시 다음 해가 되는 이춘제의 지비(지)년을 기념하여 집안의 가보로 후손에게 물려줄 아회첩(서원아회첩)의 완성을 위하여 겸재 정선에게 정중히 부탁하여 그려진 그림이라 생각된다. 〈한양전경漢陽全景〉도를 바라보면 먼저 그 광활한 스케일에 압도된다. 또 이 그림은 겸재의 다른 대작들에 비하여 그리 크지 않은 화폭에 이춘제가 자신의 후원 정자 '서원소정'에 앉아 경복궁景福宮, 사직단社稷壇, 인경궁仁慶宮을 비롯하여 남산南山, 관악산冠岳山, 남한산성南漢山城에까지 이르는 한양전경漢陽全景의 모습을 담고 있는데 이러한 한 화면에 한 나라의 수도 전경을 그린 그림은 이〈한양전경〉도가 유일한 작품이 아닐까 생각한다. 감히 말하자면 현재 전하는 겸재 정선의 유작들 중 최고의 수작이라 할만하다.

그림을 살펴보기 전에 먼저 후원인 '서원'과 그 정자 '서원소정'의 주인이자 《서원아회첩》을 꾸민 이춘제에 관하여 알아보자.

"이춘제李春躋

1692(숙종 18)~1748년(영조 24). 조선 후기의 문신. 자는 중희仲熙. 본관은 전주全州. 부친은 이언경李彦經이고 조부는 이정린李廷麟이다.

1717년(숙종 43) 식년 문과에 병과로 급제하였다. 1728년(영조 4) 사헌부집의에 배수되고, 1731년 진위겸진향정사進慰兼進香正使 양평군陽平君 장저을 따라 부사가 되어 청나라에 다녀왔다.

1746년 비변사의 탄핵으로 관직에서 물러났으며, 사판仕版[14]에서 영구히 삭제시킬 것을 요청하였으나 영조의 배려로 화를 면하였다.

그 뒤 지돈령부사에 임명되었다.
[영조실록英祖實錄]"

이상이 '네이트(NATE) 한국학'과 '한국역대인물 종합정보시스템' 등에 실려 있는 '이춘제'에 관한 기록이다. 하지만 이 기록은 내용이 매우 빈약하고 잘못된 부분이 눈에 띈다. 이춘제의 몰년은 1748년이 아니라 1761년이 되어야 옳다. 필자의 조사내용을 토대로 이춘제에 관한 내용을 정리하면 다음과 같다.

"이춘제李春躋
1692(숙종 18)~1761년(영조 37). 조선 후기의 문신. 자는 중희仲熙. 본관은 전주全州. 부친은 이언경李彦經이고 조부는 이정린李廷麟이다.

1717년(숙종 43) 식년 문과에 병과로 급제하였다. 1723 계묘년(경종 3년)에 정언正言을 시작으로 1728년(영조 4) 사간司諫, 1729년

(영조 5년) 집의執義에 배수되고, 1731년 진위겸진향정사進慰兼進
香正使 양평군陽平君 장교를 따라 부사가 되어 청나라에 다녀왔
다. 이후 1733년(영조 9년) 대사간, 1737년(영조 13년) 도승지, 1745
년(영조 21년) 판윤判尹, 1746년(영조 22년) 동의금同義禁¹⁵⁾, 대사
헌(1748, 영조 24년), 형조판서(1749, 영조 25년), 공조판서(1751, 영
조 27년), 이후 형조판서, 대사헌 등 두루 요직을 겸하였다. 조선왕
조실록朝鮮王朝實錄에 그의 졸기卒記가 전한다.

[조선왕조실록朝鮮王祖實錄, 네이트(NATE) 한국학, 한국역대인
물 종합정보시스템,《국조문과방목國朝文科榜目》,《사마방목司馬
榜目》 참조]"

왕조실록에 실려 있는 그의 졸기를 살펴보자.
英祖 九十八卷, 三十七年(辛巳/乾隆 二十六年) 十月 九日(甲
戌)

知敦寧李春躋卒。春躋爲人輕淺, 行事鄙瑣, 街兒輿卒, 見則
指笑, 稱以春躋大監, 其見侮於人, 可知也。

"영조 98권, 37년(1761 신사 / 건륭 26년) 10월 9일(갑술)

지돈녕 이춘제李春躋가 졸卒하였다. 이춘제는 사람됨이 경망하
고 천박하며, 일을 행함이 야비하고 잗달아서 길거리의 아이와 여
졸輿卒들이 그를 보면 손가락질하고 비웃으면서 춘제대감이라고 지

칭하였으니, 그가 사람들에게 수모를 당한 것을 알 만하다."

　이춘제의 졸기 내용을 살펴보니 당황스럽다. 다시 왕조실록에 기록되어 있는 이춘제에 관한 기록들을 살펴보니 흥미로운 기사가 눈에 띈다.

　景宗 十四卷, 四年(甲辰/雍正 二年) 四月 二十四日(丁卯)

　上自卽位以來, 群臣論事章奏, 輒留中不報, 事過之後, 始還下政院。時以追報之議, 斯文之說, 討逆之論, 縉紳、章甫, 章交公車, 時議以爲上之一切報罷, 反爲鎭定之道。至是, 又以左副承旨洪重禹、右承旨權以鎭、吏曹參判金一鏡、慶尙道進士李德標等三千六百十一人、京畿等五道儒生鄭夏復等三百三十人、尹倪等八百五十人、京居生員李箕重等一百五人、忠淸道幼學李夢寅等六百五人、京畿幼學權瑞鳳等一百五十二人、公山幼學禹龜瑞、連山幼學金泰源等、忠淸道幼學洪瀹等二百十六人、正言成德潤、司果金重熙、司勇蔡之洪、知敦寧洪致中、咸原府院君魚有龜、禮曹參判金一鏡、刑曹判書金一鏡、副提學李師尙、大司諫金東弼、戶曹參議金東弼、楊州幼學趙宗世、前府使魚有鳳等、獻納權益寬、正言李匡世、修撰宋眞明、戶曹參議權重經、刑曹判書趙泰億、及第朴弼正等、校理李承源、昌恩正權等、戶曹參判李眞儉、忠淸監司尹惠敎、吏曹判書李光佐、左參贊姜鋧、校理李顯章、修撰李顯章、應敎尹淳、晉州幼學姜鳳儀、校

理吳命新・尹游、修撰呂善長等、輔德李眞淳、京畿幼學金行進
等六十二人、兼司書尹聖時、副應敎權益寬、副提學李眞儒、司
諫柳弼垣、持平申致雲等、吏曹參議李眞望、副校理尹聖時、修
撰李顯章、持平李普昱、司諫李濟、大司憲朴泰恒、大司諫李廷
濟、副修撰李顯章、掌令宋宅相、司書金尙星、承旨李宜晚、獻納
宋眞明、正言柳儼、正言尹恕敎、持平李春躋、副提學李師尙、
獻納沈埈、檢閱曺命敎、司諫尹會、昌山君相等疏七十本, 下政
院。一鏡最初疏論頤命、昌集, 宜遣使莅斬事, 以爲:"逆者, 天下
之極惡, 而人類之窮兇, 若其行兇肆惡, 不一其謀。夜半懷刃, 有
若魯之鍾巫, 食中置毒, 有若漢之冀、顯, 乘喪矯制, 有若奏之
斯、高, 謀劃陰秘, 情節凶慘。苟有一分人心, 莫不欲戮殘魄斬朽
骨於千載之下。雖然斯、高未有冀、顯之惡, 冀、顯未有鍾巫之
犯。通萬古之逆, 沂而計之, 未有若今日逆黨之窮凶極惡者。今
日國家無法則已, 若果有法, 頤命、昌集, 安敢戴其頭而一日假
息於天地之間也? 衆證俱成, 厥罪孔彰, 旣無更問之端, 何有可
覈之情? 急遣金吾郎, 行到所遇之地, 卽令莅斬兩賊, 揆諸法理,
允爲得當。今國家草創, 人心危懼, 安知不逆望之外, 復有劇賊,
潛伏肘腹, 逆魁至京, 凶焰倏熾, 不測陰謀, 靡有所屆也哉?"蓋
一鏡忌世弟英明, 欲以逆獄誣逼而危動之者, 乃其本計, 而三手
之謀, 出於頤、集之子弟門客, 在頤、集則容或有與知之理矣。今
因論頤、集之罪, 而忽引魯桓公鍾巫事, 形諸章奏, 公肆誣汚, 凶
肚逆腸, 蓋已畢露, 不待於敎文蹀血等語, 而擧朝喑嗚, 莫能顯
言誅斥聲罪, 致討始在甲辰以後, 嗚呼! 晚矣。(중략)

"임금이 즉위한 이래 뭇 신하의 논사장주論事章奏를 번번이 궁중에 머물러 두고 회답하지 않은 채 일이 지나간 뒤에야 비로소 승정원으로 내려 보냈다. 그때는 추보追報에 대한 논의, 사문斯文에 관한 송사, 토역討逆에 대한 논의 등으로 해서 진신縉紳·장보章甫들이 번갈아가며 소장을 올렸는데, 당시 의논들은 임금이 일체 회답을 하지 않는 편이 오히려 진정시키는 길이라고도 하였다. 이때와서 또 좌부승지 홍중우洪重禹, 우승지 권이진權以鎭, 이조 참판 김일경金一鏡, 경상도 진사進士 이덕표李德標 등 3천 6백 11명, 경기 등 5도의 유생 정하복鄭夏復 등 3백 30명, 윤현尹俔 등 8백 50명, 서울에 거주하는 생원生員 이기중李箕重 등 1백 5명, 충청도 유학幼學 이몽인李夢寅 등 6백 5명, 경기 유학 권서봉權瑞鳳 등 1백 52명, 공산公山 유학 우귀서禹龜瑞, 연산連山 유학 김태원金泰源 등과 충청도 유학 송흡洪潝 등 2백 16명, 정언 성덕윤成德潤, 사과司果 김중희金重熙, 사용司勇 채지홍蔡之洪, 지돈녕 홍치중洪致中, 함원 부원군咸原府院君 어유귀魚有龜, 예조 참판 김일경金一鏡, 형조 판서 김일경, 부제학 이사상李師尙, 대사간 김동필金東弼, 호조참의 김동필, 양주楊州 유학 조종세趙宗世, 전 부사府使 어유봉魚有鳳 등과, 헌납 권익관權益寬, 정언 이광세李匡世, 수찬 송진명宋眞明, 호조참의 권중경權重經, 형조판서 조태억趙泰億, 급제及第, 박필정朴弼正 등과, 교리 이승원李承源, 창은정昌恩正 이권李權 등과 호조참판 이진검李眞儉, 충청감사 윤혜교尹惠敎, 이조판서 이광좌李光佐, 좌참찬 강현姜鋧, 교리 이현장李顯章, 수찬 이현장, 응교 윤순尹淳, 진주晉州 유학 강봉의姜鳳儀, 교리 오명신吳命新·윤유尹游, 수찬 여선장呂善長 등과, 보덕輔德 이진순李眞淳, 경기유학 김행진金行進 등 62명과, 겸사서兼司書 윤성시尹聖時, 부응교 권익관權益寬, 부제학 이진유李眞儒, 사간 유필원柳弼垣, 지평 신치운申致雲 등과 이조참의 이진망李眞望, 부교리 윤성시尹聖時, 수찬 이현장李顯章, 지평 이보욱李普昱, 사간 이제李濟, 대사헌 박태항朴泰恒, 대사간 이정제李廷濟, 부수찬 이현장, 장령 송택상宋宅相, 사서司書 김상성金尙星, 승지 이의만李宜晩, 헌납 송진명宋眞明, 정언 유엄柳儼, 정언 윤서교尹恕敎, 지평 이춘제李春躋, 부제학 이사상李師尙, 헌납 심준沈埈, 검열檢閱 조명교曹命敎, 사간 윤회尹會, 창산군昌山君 이상李相 등의 소疏 70본本을 승정원에 내려보냈다. 김일경金一鏡의 최초의 상소上疏에 이이명李頤命·김창집金昌集은 사신을 보내어 그 자리에서 목을 베어야 한다는 일을 논하고 말하기를,

"역적이란 것은 천하의 극악極惡이자 인류의 궁흉窮凶인데, 그가 흉계를 행하고 악독을 부리는 데는 모략이 한두 가지가 아니었습니다. 이를테면 야반夜半에 칼을 품은 일은 마치 노魯나라의 종무鍾巫와 같았고, 음식물에 독약을 넣은 일은 마치 한漢나라의 양기梁冀·염현閻顯과 같았으며, 국상國喪을 틈타서 왕명을 사칭한 일은 마치 진奏나라의 이사李斯·조고趙高 와 같았으니, 그의 은밀한 모략과 흉악한 정상으로 볼 때 참으로 일분의 인정이라도 있는 사람이라면 천 년을 내려간다고 하더라도 누구나 다 같이 그의 시든 넋을 뭉개고 썩은 해골을 베고자 할 것입니다.

아무리 그렇다 해도 이사·조고가 양기·염현만큼 악독하지 않았고 양기·염현이 종무만큼 범죄가 크지 않았으니, 만고의 역적들을 통합하여 거슬러 올라가 헤아려 보아도 오늘날의 역적 무리처럼 지극히 흉악한 자는 없었습니다. 오늘날 국가에 법이 없다면 모르거니와, 만약 법이 있다면 이이명·김창집이 어찌 감히 하루라도 그 머리를 이고 하늘과 땅 사이에서 숨을 쉴 수 있겠습니까? 뭇사람의 증거가 모두 성립되고 그 죄상이 분명히 드러나서 이미 다시 더 신문할 단서가 없는데 사핵할 만한 정상이 무엇이 더 있겠습니까? 속히 금오랑金吾郎을 파견하여 가다가 그 자리에서 즉시 두 역적을 베도록 하는 것이 법리法理로 헤아려볼 때 진실로 타당할 듯합니다. 오늘날 국가가 혁신하여 인심이 불안해하고 있는데, 역망逆望이 아닌 외에 또다시 극렬한 역적이 지극히 가까운 곳에 몰래 잠복하고 있다가 역괴逆魁가 서울에 도착하면 또다시 흉역의 불꽃이 갑자기 치솟아 헤아릴 수 없는 그 음모가 걷잡을 수 없게 일어나지 않을 것을 어찌 알겠습니까" 하였다.

대개 김일경이 세제世弟가 영명英明한 것을 꺼린 나머지 역옥逆獄한 일을 가지고 무고해 핍박하여 위협으로 충동질하려는 것이 곧 그 본래의 계획이었는데, 삼수三手의 계획이 이이명·김창집의 자제子弟 내지 문객門客 가운데서 나왔고 보면, 이이명·김창집으로서는 어쩌면 그 일을 알고 있었을 수도 있다. 이제 와서 이이명·김창집의 죄를 논하면서 갑자기 노魯나라 환공桓公 때의 종무鍾巫 사건을 장주章奏에 끌어대면서 공공연히 모함을 하였으니, 그

흉역凶逆의 심장이 이에서 이미 다 드러난지라, 교문敎文 속에 '사람을 죽여 홍건하게 흐르는 피를 밟는다.'라는 등의 말을 더하지 않고도 온 조정이 소리 없이 상심하고 탄식하면서도 능히 드러내놓고 배척하지 못하다가 그의 성토聲討가 갑진년 이후에 와서야 비로소 있었으니, 아! 너무 늦었도다. (중략)"

위《조선왕조실록》기사는 경종 대 올려진 상소의 기록을 담고 있는데, 신임사화[16]에 연루 된 이이명과 김창집을 죽이라는 내용이 담겨 있다.[17] 이에 김창집은 신임사화가 일어난 후 1년 뒤 유배지 거제도에서 죽임을 당했다. 이 소장을 함께 올린 이들을 살피다 보니 당시 지평이었던 이춘제의 이름이 눈에 띈다. 앞서 잠시 언급했듯 김창집은 사천 이병연과 겸재 정선의 스승이었던 삼연 김창흡의 형이었으며, 젊은 시절 겸재 정선은 김창집의 천거로 화원과 음직으로 벼슬길에 올랐다. 위 기록들을 살피며 어떻게 겸재와 사천이 자신들의 스승을 죽이라 소했고 당대의 평이 별로 좋지 않았던[18] 이춘제의 아회에 참가하여 그것도 겸재 최고의 작품이라 할 수 있는〈한양전경〉그림과 시를 주었는지 의문이 든다. 이춘제와 인왕곡 지적에 살고 1731년 진위겸진향사부사로 연경으로 떠나는 이춘제 일행을 서대문 밖 보화관 부근에서 전별하는 장면을 그린〈서교전의西郊餞儀〉를 남긴[19] 겸재야 그렇다 치고 노론집안인 사천 이병연의 아회 참가가 약간 의외이다. 지기인 겸재 정선의 청도 아회 참가의 한 이유였겠지만 아마도 우리의 상상 그 이상으로 당시 이춘제의 위세가 대단했던 것이 이춘제의 청을 거절치 못한 이유가 아니었나 생각된다.

그림을 살펴보면, 화면의 좌측 하단부에 모정(서원소정)이 위치해 있고 모정 안에 앉아 당시 한양의 전경을 바라보고 있는 이가 서원 주인 이춘제이다. 정자 위로 송림이 우거져 있고 그 위쪽에 공터가 나타나는데 '회맹단會盟壇'이라 적혀 있다. '회맹단'은 경복궁景福宮의 북문北門인 신무문神武門 인근에 있던 곳으로 신하들의 공훈을 기록해놓은 장소이다. 이 회맹단에서 임금이 공신功臣들과 때로는 그 적장자嫡長子들을 모아놓고 산 짐승을 잡아 하늘에 제사지내고 그 피를 서로 나누어 마시며 신하들의 충성과 단결을 맹세케 하던 의식인 회맹제會盟祭가 행하여 져서 그 의미가 사뭇 크다 할 수 있다. 이 겸재의 한양전경 그림으로 그 위치를 정확히 알 수 있다. 이 회맹단을 복원하는 일도 필요하다 생각한다.

회맹단 오른 위로 '삼청三淸'이라 표시되어 있고 인왕산 줄기가 화면의 중간 위 경복궁 위쪽으로 이어지고 그 인근의 인가들이 연무煙霧에 쌓여 있다. 화면의 중간에 그려져 있는 임진왜란壬辰倭亂(1592~1598)으로 폐허가 된 채 방치되어 있던 당시 경복궁과 그 인근의 빽빽한 민가의 모습을 잘 보여준다. 둘러쳐진 경복궁 담 안에 경회루 석주들만 우뚝우뚝 솟아있고 송림만 우거져 있음을 알 수 있다. 궁담 오른쪽 중간에 경복궁의 남정문南正門인 광화문光化門이 그려져 있고 그 안쪽 노송老松 오른 아래로 집 한 채가 있는데 그 광경이 횅하여 외롭고 쓸쓸한 느낌을 준다.

인왕산 줄기 뒤 한 자락이 화면의 오른쪽 상단으로 이어져 우뚝 솟아 '종남終南'이라 제 되어있는 남산이 되었고, 그 줄기 뒤쪽으로 먹의 농담을 조절하여 원근을 표시하고 '남한南漢'이라 제하여 '남한산성'을 아런하게 처리하였다. 그 위에 '겸재謙齋'라 제하고 도인을 찍었다. 빽빽한 송림을 나타낸 '남산'의 오른쪽 뒤로 역시 먹의 농담을 조절하여 '관악冠岳'이라 관악산을 나타내고 남산과 관악의 아랫부분은 연무로 처리하여 아득하고 신비한 느낌을 준다. 그 아래쪽으로 산자락과 수림을 나타내고 그 중간에 '사직社稷'이라 임진왜란으로 폐허가 된 사직단을 표시하고 그 산자락 밑에 '인경仁慶'이라 역시 이미 헐려 터만 남았던 인경궁을 나타내었다. 이 산등성이 주변과 이춘제의 서원소정 인왕산, 남산, 관악산으로 둘러싸여진 당시 만호萬戶 장안長安의 풍광은 그 일부 건물들과 민가들을 나타냈을 뿐 나머지는 모두 연무로 처리하여 그림의 품격을 한층 높였다.

그림과 합장合裝되어 있던 사천槎川의 시가 귓가에 울린다.

차봉서원

바라보는 곳 광활하게 통하고 앉은 곳은 깊네.
시랑[20]은 언제 이 같은 한적한 곳을 열었는가.
모정은 연무와 꽃술이 늘어진 것에 편히 기대어 흥을 돋우고
추소[21]는 채마밭과 독 가운데 편안히 있네.
소나무와 전나무는 심은 것이 아니라 스스로 자란 것이고
바위 내 피리와 거문고 소리 서로 어우러져 운치가 뛰어나네.
서원 역시 이 집 정원 안에 있으니

밝은 달 맑은 바람에 금을 들이지 않았네.

사천(이병연)

2. 기·제시

(1) 〈서원아회기西園雅會記〉

▲도 3. 이춘제李春躋 (1692~1761),《서원아회첩西園雅會帖》중〈서원아회(기)西園
雅會(記)〉(기미년己未年 여름, 1739), 개인소장 (사진촬영 1975년 이영재)

西園雅會

休官以來, 病懶相成, 未窺家後小圓者, 久矣, 宋元直, 徐國寶,

約沈時瑞, 趙君受兩令, 以謀小會, 歸鹿趙台, 聞風而至。于時驟雨飜盆, 後晴, 登臨西園, 仍又聯袂, 雨出柴扉, 徘徊於玉流泉石, 歸鹿忽飛筇着芒, 攀崖陟嶺, 步履之捷, 不減小壯, 諸公躋後, 無不膚汙氣喘, 以俄頃之間, 乃能越巒, 而度塹, 楓溪之心庵古亭, 倏在目下。此殆詩所謂, 終躋絶險, 曾是不意者也。

及其穿林而下, 臨溪而坐, 卽一條懸瀑, 潺溪石間。濯纓濯足, 出滌煩襟, 去之膚汙而氣喘, 咸曰 微豊原, 安得務此, 今谷之游, 實冠平生。於亭逍遙, 竟夕忘歸, 臨罷, 歸鹿, 口呼一律, 屬諸公聯和, 請謙齋筆, 摹寫境會, 仍作帖, 以爲子孫藏, 甚奇事也, 豈可無識。

顧余 自小不好詩學, 老又有眼高手卑之症, 凡於音韻淸濁高低者不經, 與親舊挹別逢歸, 酬唱, 一切未嘗開路。故輒以此謝之, 則歸鹿, 又責之以湋詩令, 不得已 破戒塞責, 眞是肉談詩云乎哉。

己未季夏 西園主人

"휴관 이래 병과 게으름이 상성하여 집 뒤 소원(서원소정)을 들여다보지 못한 지 오래되었는데, 송원직, 서국보가 심시서, 조군수 두 영감과 약속하고 작은 모임(소회)을 도모했는데, 귀록 조대감이 소식을 듣고 이르렀다. 그때 소나기가 내려 물이 넘쳐흘러, 갠 후에 올라 서원(소정)에 임하여 아래를 내려다보았다. 좇으며 또 연메連袂하며 시선을 나와 옥류천석에서 배회하는데 귀록이 홀연히 지팡이를 날리며 짚신을 신고 비탈을 타며 산마루를 오른다. 걸음이 빠른 것이 소장小壯에 덜하지 않아 제공이 뒤따라 오르는데 땀이 나고 숨차지 않음이 없었는데 잠깐 사이에 산등성이를 넘고 골짜기를 지날 수 있어서 (청)풍계의 (원)심암과 (태)고정이 홀연 눈 아래 있다. 이것은 당초 시경에 이르기를 '마침내 절험을 넘었으니 이것은 일찍이 뜻한 바가 아니다'라 한 것과 같다. 마침내(급기) 숲을 뚫고 내려가 시내에 임하여 앉으니 곧 한 줄기 걸린 폭포가 바위 사이로 졸졸 흐른다. 갓 끈을 빨고 갓을 씻고 답답한 가슴을 내어 씻어 땀나고 숨찬 것을 다 털어내고 나서 모두 이르기를, '풍원(조현명)이 아니었으면 어찌 이렇게 힘쓸 수 있었겠는가? 오늘 계곡놀이는 실로 평생 으뜸일 것이다'라 하였다. 정자에서 소요하는 것으로 마침내 저녁이 되어도 돌아갈 줄 모르다가 파하기에 임해서 귀록이 입으로 시 한 수를 읊고 제공에게 잇대어 화답하라 하고, 겸재 화필을 청하여 장소와 모임을 그려 달라 하니 그대로 시화첩(서원아회첩)을 만들어 자손이 수장하게 하려 함이다. 심히 기이한 일이거늘 어찌 기록하지 않을 수 있겠는가?(기록이 없을 수 있겠는가?) 나를 돌아보건대, 어려서부터 '시학'을 좋아하지 않았고 나이 들어서는 또 눈이 높고 손이 낮은 증세(병)가 있어 무릇 시를 짓는 데 마음을 두지 않아 친구와 만나고 헤어질 때 시를 주고받는 일에 일절 길을 연 적이 없다. 그런고로 문득 이것으로써 사양하였더니 귀록이 또 '시령'을 어긴 것을 책망한다. 부득이 파계하여 책망을 막기는 하나 참으로 이는 '육담(육두문자)시'라 할 수 있을 뿐이다.

　기미(1739)년 여름 서원주인[22]"

(2) 〈서원소정기西園小亭記〉

西園小亭記

李仲熙 西園之亭, 占北山佳處, 溪壑 窈以深, 面界 敞以豁左右
古松森然, 卽其中, 級之爲階, 而花竹列焉, 坎之爲池, 而菱芡被
焉。位置甚整, 妙有韻致, 沿北山一帶, 蓋多名園勝林, 而獨仲熙
之亭, 擅其勝絶焉。

一日 仲熙書來, 以爲斯亭之成, 適在吾知非年, 故或名之爲
四九, 以且在洗心臺, 玉流洞之間, 故或明之爲先玉, 子其擇焉。

余復之曰, 四十知非, 雖君子所以進德者, 然其於名斯亭也, 汎
以不切, 玉流 洗深, 顧卽足, 以重斯亭也。余嘗登子之亭, 而賦詩

日, 槎川佳句 謙齋畵, 左右招邀作主人, 亭之名, 在是矣。

夫李杜之詩, 顧陸之畵, 名於天下。然其生也, 落落相先後, 不與之同時竝峙, 雖以香爐之瀑, 洞庭之樓, 有詩而無畵, 此千古勝地之恨也。

今槎川謙齋氏之詩與畵, 俱可爲 妙絶於一世, 而其所居, 皆不遠於子之亭也。夫以斯亭之勝, 又幸隣於二氏, 日以杖屨, 相周施於一席, 殆若左李杜, 而右顧陸。何其威也。溪山烟雲, 朝暮之變態, 風花雪月, 四時之佳景, 無不入於唔哰揮灑之中, 而詩之所不能形者, 畵或有以形之, 畵之所不能發者, 詩或有以發之, 蓋與之相須, 而不可以相無也。

於是 亭之勝絶者, 遇二氏而三勝具焉。余故名是亭, 曰三勝, 遂爲之記。

庚申 季夏 歸鹿山人記

"이중희(이춘제)의 '서원'의 정자가 북산 아름다운 곳을 차지하니 계곡은 그윽하고 깊으며 면계는 좌우로 트여 있고 고송이 빽빽하다. 곧 그중에 층을 지어 계단을 삼고 꽃과 대나무를 벌려 심었으며, 구덩이를 파 못을 만들고 마름과 가시연을 놓았다. 위치가 깊고 정연하여 신묘한 운치가 있으니, 북산 일대에 대게 명원승림이 많으나 중희의 정자가 그 빼어남을 독차지하였다.

하루는 중희의 편지가 도착하였는데 '이 정자가 완성되는 때가 마침 내 지비지년知非之年[23)](50세, 만 49세)이 되니 그런고로 혹 '사구'를 그 이름으로 삼을까 또 '세심대'와 '옥류동'의 사이에 있으니 그런고로 혹 '세옥'을 그 이름으로 삼을까도 하는데, 그대가 선택하여 주시오' 하였다. 내가 답하여 말하기를, '사십의 잘못을 아는 것이 비록 군자가 덕을 닦아 나아가야 할 바이기는 하나 이 정자에 그 이름을 붙이기에는 적절치 않고, 또 옥류동과 세심대는 돌아보면 곧 족한데 (그것을 이름으로) 중복하는 것은 정자의 격을 떨어뜨리네. 내가 일찍이 그대의 정자에 올라 시를 지어 이르기를, '사천의 시와 겸재의 그림을 좌우로 불러 맞아들여 주인이 되었다' 하였으니 정자의 이름은 여기에 있네. 무릇 이태백·두보의 시와 고개지·육탐미의 그림은 천하에 이름이 났으나 그 출생한 것이 각각 떨어져서 앞뒤로 달리하여 동시에 더불어 어깨를 나란히 하지 못하였기에 비록 향로봉의 폭포, 동정호의 누각에 시는 있되 그림은 없었으니 이는 천고승지의 한스러움이었다. 지금 사천, 겸재 씨의 시와 그림은 모두 같이 가히 일세에 가장 뛰어나다 할 수 있고 그 사는 곳이 모두 그대의 정자에서 멀지 않네. 무릇 이 정자의 빼어남으로 또 다행히 두 씨(두 분께)에 인접하여 매일 지팡이를 들고 짚신을 신고 서로 한 자리에 오갈 수 있으니 이것은 거의 이태백과 두보를 왼편에 두고 고개지, 육탐미를 우측에 둔 것과 같으니 그 얼마나 위엄(존엄)한가. 계산에 끼는 안개구름이 아침과 저녁으로 변하는 모습과 바람에 살랑대는 꽃으로부터 눈 위에 비치는 달빛에 이르는 사시(사계절)의 아름다운 경치가 시와 그림 속에 들어오지 않음이 없는데, 시가 형용할 수 없는 바는 혹 그림이 형용하는 것에 있고 그림이 발현하지 못하는 바의 것은 혹 시가 그것을 발현하는 것이 있기에 대개 서로 더불어 꼭 필요하여 없을 수 없다. 이에 정자의 빼어난 것이 이씨(사천과 겸재)를 만나 삼승을 갖추게 되었다. 나는 그런고로 이 정자의 이름을 '삼승'이라 하고 마침내 이를 위하여 기록한다. (기를 짓는다)

경신년 계하(1740년 계절 여름에) 귀록산인이 적는다[24]."

(3) 이춘제李春躋 제시

小園佳會偶然成,
杖屨逍遙趁晚晴,
仙閣謝煩心己靜,
雲巒耽勝脚盆經,
休言溠陟勞令夕,
誇託來游冠此生,
臨罷丁寧留後約,
將軍風致老槎淸。

소원의 가회(기쁘고 즐거운 모임) 우연히 이루어지니
지팡이 들고 짚신 신고 비 걷힌 저녁 산을 소요하네.
선객(신선)이 번거로움 사양하니 마음 이미 고요하고
구름 산 승경 찾으니 다리 가볍네.

멀리 올라 오늘 저녁 피곤하다 말하지 말게.

자랑하며 와서 논(유람한) 것 이 생애 제일(으뜸).

파함에 임해 정녕 지체하며 뒷기약 두니

장군의 풍치와 사천 노장의 맑은 뜻일세.

(歸鹿方帶將符, 且每自稱將軍故云.)

(귀록이 바야흐로 장수의 증표를 띠고, 또 매양 장군이라 자칭하기
에 이렇게 읊는다.)

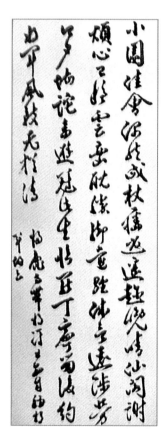

▲도 8. 이춘제李春躋,《서원아회첩西園雅會帖》
〈서원아회기西園雅會記〉중 제시題詩,
개인소장 (사진촬영 1975년, 이영재)

(4) 조현명趙顯命(1691~1752) 제시 1

迢遞西亭出世塵,

種花成列鑿池新,

槎川佳句謙齋畵,

左右招邀作主人。

아득히 둘러진 서원소정 세상의 티끌을 몰
아내고
꽃을 심어 성렬하고 연못을 새로 팠네.
사천의 아름다운 시구와 겸재의 그림을
좌우로 불러 맞이하여 주인이 되었네.

▲도 9. 조현명趙顯命,《서원아회첩西園雅會帖》
〈서원소정기西園小亭記〉중 귀록 제시題詩 Ⅰ,
개인소장, (사진촬영 1975년, 이영재)

(5) 조현명趙顯命(1691~1752) 제시 2

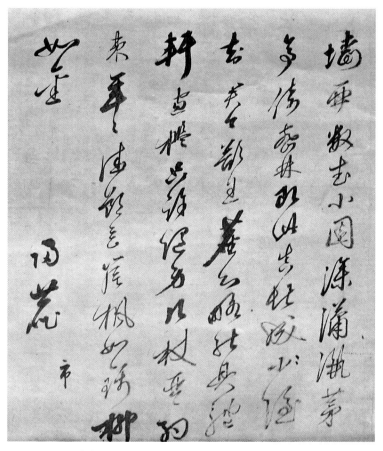

▲도 10. 조현명趙顯命,《서원아회첩西園雅會帖》중 귀록(조현명) 제시題詩 II,
지본수묵紙本水墨, 34.5 x 34.0cm

墻西數武小園深

瀟灑茅亭倚密林

卽此眞堪成市隱

知君今欲息塵心
略能具體軒窓檻
只許隨身几杖琴
約束年年佳節會
岸楓如錢柳如金[25]

歸鹿

담장 서쪽 촘촘한 군셈(소나무) 소원은 깊고
맑고 깨끗한 모정[26] 밀림에 의지했네.
곧 이에 진실로 뛰어나 시은[27]을 이루니
그대 지금 진심[28]을 쉬어 가고자 함을 알겠네.
능히 집, 창, 난간 전체를 갖추어 경영하니
다만 장(지팡이), 금(거문고)과 더불어 뒤따르는 하인을 허하네.
약속 연년 절회는 아름답고
언덕의 단풍은 동전(엽전)과 같고 버들은 금과 같구나.

귀록(조현명)

(6) 이병연李秉淵(1671~1751) 제시

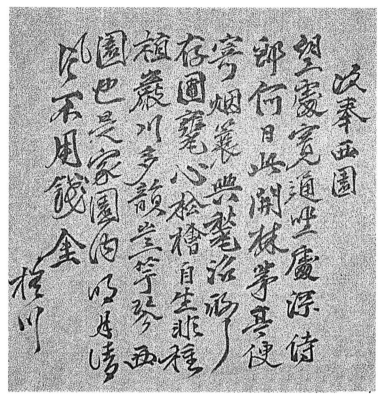

▲도 11. 이병연李秉淵 (1671~1751),《서원아회첩西園雅會帖》중
사천(이병연) 제시題詩, 지본수묵紙本水墨, 34.5 x 34.0cm, 개인소장

次奉西園

望處寬通坐處深

侍郞何日此開林

茅亭便寄烟簑興

坌沼聊存圃甕心
松檜自生非種植
巖川多韻豈竽琴
西園也是家園內
明月清風不用金²⁹⁾

槎川

차봉서원

바라보는 곳 광활하게 통하고 앉은 곳은 깊네.
시랑³⁰⁾은 언제 이 같은 한적한 곳을 열었는가.
모정은 연무와 꽃술이 늘어진 것에 편히 기대어 흥을 돋우고
추소³¹⁾는 채마밭과 독 가운데 편안히 있네.
소나무와 전나무는 심은 것이 아니라 스스로 자란 것이고
바위 내 피리와 거문고 소리 서로 어우러져 운치가 뛰어나네.
서원 역시 이 집 정원 안에 있으니
밝은 달 맑은 바람에 금을 들이지 않았네.

사천(이병연)

1) 1680년(숙종 6) 남인南人이 대거 실각하여 정권에서 물러난 사건.
   경신대출척庚申大黜陟이라고도 하며, 이 사건으로 서인西人이 득세하였다. 1674년(현종 15) 예송禮訟에서의 승리로 정권을 장악한 남인은 현종에 이어 왕위에 오른 숙종으로부터는 신임을 얻지 못했다. 이것은 남인끼리 청남淸南·탁남濁南으로 갈라져 서로 싸우고, 한편으로는 권력을 장악한 남인 세력에 대한 염증 때문이었다.

   경신년인 1680년 3월 당시 남인의 영수이며 영의정인 허적許積의 집에 그의 조부 허잠許潛을 위한 연시연(延諡宴: 시호를 받은 데 대한 잔치)이 있었다. 이때 이번 연회에 병판兵判 김석주金錫胄, 숙종의 장인인 광성부원군光城府院君 김만기金萬基를 독주로 죽일 것이요, 허적의 서자庶子 견堅은 무사를 매복시킨다는 유언비어가 퍼졌다. 김석주는 핑계를 대고 불참하고 김만기만 참석하였다. 그날 비가 오자 숙종은 궁중에서 쓰는 용봉차일(龍鳳遮日: 기름을 칠하여 물이 새지 않도록 만든 천막)을 보내려고 하였으나 벌써 허적이 가져간 뒤였다. 숙종은 노하여 허적의 집을 염탐하게 하였는데 남인은 다 모였으나 서인은 김만기·신여철申汝哲 등 몇 사람뿐이었다. 이에 노한 숙종은 철원鐵原에 귀양 갔던 김수항金壽恒을 불러 영의정을 삼고, 조정朝廷의 요직을 모두 서인으로 바꾸는 한편, 이조판서 이원정李元禎의 관작官爵을 삭탈하여 문 밖으로 내쫓으라고 하였다.

   다음 달인 4월 정원로鄭元老의 고변告變으로 허견許堅의 역모가 적발되었다. 이른바 '삼복의 변[三福之變]'으로, 인조의 손자이며 숙종의 5촌인 복창군福昌君·복선군福善君·복평군福平君 3형제가 허견과 결탁하여 역모하였다는 것이다. 그 내용은 허견이 복선군을 보고 "주상께서 몸이 약하고, 형제도 아들도 없는데 만일 불행한 일이 생기는 날에는 대감이 왕위를 이을 후계자가 될 것이오. 이때 만일 서인西人들이 임성군臨城君을 추대한다면 대감을 위해서 병력兵力으로 뒷받침하겠소" 하였으나 복선군은 아무 말도 없더라는 것이었다.
   이들은 모두 잡혀와 고문 끝에 처형되었고 허견·복창군·복선군 등은 귀양 갔다가 다시 잡혀와 죽고, 허견의 아버지 허적은 처음에는 그 사실을 몰랐다고 하여 죽음을 면하였으나, 뒤에 악자惡子를 엄호하였다 하여 죽임을 당하였다. 이로써 남인은 완전히 몰락하고 서인들이 득세하기 시작하였다.
   [두산백과사전]

2) 1727년(영조 3) 극심한 당쟁을 조정하기 위해 정국政局의 인사를 개편한 일.
   영조는 영단을 내려 탕평책蕩平策을 강력히 시행함으로써 노론老論·소론少論을 막론하고 당파심이 강한 사람은 제거시키고자 하였다. 때마침 노론의 이의연李義淵이 상소하여 물의를 일으키자 영조는 과감하게 그를 유배시켰으며, 아울러 소론 중에서 당파성이 농후한 김일경金一鏡·목호룡睦虎龍 등도 국문 결과 상소를 허위 날조한 사실이 밝혀져 처형하고 같은 파의 이광좌李光佐 등도 유배시켰다. 한편 노론의 정호鄭浩·민진원閔鎭遠 등을 기용하고 '신임辛壬의 옥獄'에 희생된 김창집金昌集 등의 관작을 추복, 원혼을 위로해주었다. 이리하여 노론이 주요한 직책을 차지한 결과가 되었으나 영조의 뜻은 본래 노·소 양파의 당쟁을 조정하는 데 있었으므로 소론의 이광좌·조태억趙泰億 등도 기용하였다.
   [두산백과사전]

3) 조선 후기 이인좌 등의 소론(少論)이 주도한 반란.
   일어난 해의 간지를 따서 무신란戊申亂이라고도 한다. 소론은 경종 연간에 왕위 계승을 둘러싼 노론과의 대립에서 일단 승리하였으나, 노론이 지지한 영조가 즉위하자 위협을 느끼게 되었다. 이에 박필현朴弼顯 등 소론의 과격파들은 영조가 숙종의 아들이 아니며 경종의 죽음에 관계되었다고 주장하면서 영조와 노론을 제거하고 밀풍군密豊君 탄坦을 왕으로 추대하고자 하였다. 여기에는 남인들도 일부 가담하였다.

한편 이들의 거병에는 유민流民의 증가, 도적의 치성, 기층 민중의 저항적 분위기가 중요한 바탕이 되었다. 그리하여 반군은 지방의 사족과 토호가 지도하고 중간계층이 호응하며, 일반 군사는 점령지의 관군을 동원하거나 임금을 주어 동원하는 형태로 구성되었다. 이인좌는 1728년(영소 4) 3월 15일 성주성을 함락하고 상층의 원수를 삼든나흔 점을 널리 선전하면서 서울로 북상하였으나 안성과 죽산에서 관군에 격파되었고, 청주성에 남은 세력도 상당성에서 박민웅朴敏雄 등의 창의군에 의해 무너졌다. 영남에서는 정희량鄭希亮이 거병하여 안음·거창·합천·함양을 점령하였으나 경상도관찰사가 지휘하는 관군에 토벌당했다. 호남에서는 거병 전에 박필현 등의 가담자들이 체포되어 처형당하였다.

난의 진압에는 병조판서 오명항吳命恒 등 소론 인물들이 적극 참여하였으나, 이후 노론의 권력 장악이 가속화하였고 소론은 재기 불능의 상태가 되었다. 이 사건 이후 정부에서는 지방 세력을 억누르는 정책을 강화하였고 토착세력에 대한 수령들의 권한이 커져갔다. 또한 이때 반군이 군사를 동원한 여러 방식은 뒤의 홍경래의 난으로 이어졌다.
[두산백과사전]

4) 1721(경종 1)~1722년 왕통문제와 관련하여 소론이 노론을 숙청한 사건.
이미 숙종 대에 노론과 소론이 분기하여 사문斯文시비를 벌였으나, 경종 대에 들어 왕통에 관한 시비가 본격화됨으로써 기존의 사문시비는 충역忠逆시비로 논지가 바뀌었다. 신임사화라는 용어는 당대부터 쓰였으나, 화를 입은 노론 측의 입장이 반영된 용어이다. 노소론 사이의 대립에 왕통문제가 개입된 것은 장희빈張禧嬪의 아들인 경종이 세자로 책봉되고 뒤에 왕위를 이었기 때문이다. 갑술환국甲戌換局으로 남인이 축출된 뒤, 노론과 소론은 장희빈의 처벌문제를 놓고 대립하였다. 노론 측은 장희빈이 정비인 인현왕후를 모해하였으므로 사사해야 된다는 주장을 한 데 반해, 소론측은 다음 왕이 될 세자를 위해 장희빈을 살려야 옳다고 주장하였다. 경종은 숙종 말년에 4년간 대리청정을 하다가 숙종이 죽자 왕위에 올랐다. 노론은 경종 즉위 뒤 1년 만에 연잉군(延礽君: 뒤의 영조)을 세제世弟로 책봉하는 일을 주도하고, 세제의 대리청정을 강행하려 하였다. 노론이 이 과정에서 두 차례의 태도 변화를 보임으로써 소론 측에 공격의 빌미를 제공하였다.

소론 측은 노론의 대리청정 주장을 경종에 대한 불충不忠으로 탄핵하여 정국을 주도하였고, 결국에는 소론정권을 구성하는 데 성공하였다(신축옥사辛丑獄事). 신임사화는 이러한 와중에서 목호룡睦虎龍의 고변사건告變事件, 즉 노론이 숙종 말년부터 경종을 제거할 음모를 꾸며왔다는 고변을 계기로 일어났다. 소론은 노론이 전년에 대리청정을 주도하고자 한 것도 이러한 경종 제거계획 속에서 나온 것으로 이해하였다. 고변으로 인해 8개월간에 걸쳐 국문이 진행되었고, 그 결과 김창집金昌集·이이명李頤命·이건명李健命·조태채趙泰采 등 노론 4대신을 비롯한 노론의 대다수 인물이 화를 입었다. 이 옥사는 노·소론 간의 대립이 경종 즉위 후 왕에 대한 충역 시비의 형태로 표출되는 과정에서 발생한 사건으로서, 그 자체는 경종 대의 문제였지만, 그에 대한 평가 문제는 영조 대에 탕평책蕩平策이 추진되는 과정에서도 논란이 계속되었다.
[두산백과사전]

5) 겸재 정선이 노론 안동 김 씨 집안의 김창흡金昌翕의 영향을 받았지만 어느 특정한 파벌에만 치우치지 않은 매우 폭넓은 교우관계를 가지고 있었다.

6) 2010년 10월 4일자 〈주간한국〉 기사와 사진 참조.

7) 도승지都承旨.

8) 英祖 49卷, 15年(1739 己未 / 청 건륭乾隆 4年) 4月 1日丁丑 두 번째 기사
　特除李春躋爲都承旨, 以任珽、韓顯謩、韓德厚、李世璡、金廷潤爲承旨, 尹容爲兵曹參判.
　"이춘제(李春躋)를 특별히 제수하여 도승지로, 임정(任珽)·한현모(韓顯謩)·한덕후(韓德厚)·이세진(李世璡)·김정윤(金廷潤)을 승지로, 윤용(尹容)을 병조참판으로 삼았다."

　英祖 49卷, 15年(1739 己未 / 청 건륭乾隆 4年) 6月 11日丙戌 첫 번째 기사
　丙戌/正言尹得敬上疏, 略曰:
　閔亨洙之疏, 悲先志之未白, 痛義理之永晦, 誦其父之遺言, 冀聖鑑之洞察. 原其本意, 有何可罪, 而疏入累月, 猝 命竄配, 誠莫曉其所以也. 伏願亟賜有還, 以礪世道焉. 三司之臣, 非有大罪, 不可輕施竄補, 而儒臣違召, 千里 乘障; 臺臣匡救, 相繼斥補. 於此小事, 猶且威制摧折, 苟有大於此者, 其將待之以刀鋸、鼎鑊? 臣恐自玆以往, 立殿下之庭者, 皆是金人、仗馬之流而後已耳. 近來政注之間, 不厭物情, 銓曹佐貳急於援引, 無故前望擅自停拔, 該房相避, 不少留難, 知申之子, 通擬春坊, 隨加責罰, 斷不可已. 安岳之差除也, 銓堂之意, 屬在名官, 而吳遂采爲兄暗瞞, 以圖首擬, 擧世喧傳, 貽羞搢紳, 不可不責罰也.
　疏入, 上以其疏於晝講筵席, 問右議政宋寅明曰: "其言挾雜矣." 寅明曰: "自古黨戰, 必始於銓曹, 豈不難哉? 春坊指李昌儒, 而其時昌儒之父春躋爲知申而換房; 佐貳拔望, 以指金鎭商而在鄕故也. 其父旣遞該房, 則春坊有何可拘? 至若安岳事, 都是微瑣, 不足言矣." 上又問: "義理永晦之說, 必指領相, 予欲詳之." 寅明曰: "豈指領相乎? 自上閼者可矣.　外言尙以罪亨洙爲過矣." 上遂下批, 責其挾雜, 不加之罪. 吏曹判書尹惠敎陳疏自辨, 下批留中.

　"정언 윤득경이 상소하였는데 대략 이르기를, "민형수의 상소는 선지先志가 밝혀지지 않은 것을 슬퍼하고 의리가 길이 어두워지는 것을 안타까워하여 그 아비의 유언을 그대로 말하여 성감聖鑑의 통찰을 바란 것이니, 그 본의를 살피면 무슨 죄줄 만한 것이 있겠습니까마는, 소가 들어간 지 여러 달 만에 갑자기 귀양 보내라고 명하셨으니, 참으로 그 까닭을 모르겠습니다. 엎드려 바라건대, 빨리 용서하여 돌아오게 하여 세도世道를 격려하소서. 삼사三司의 신하는 큰 죄가 있지 않으면 가벼이 외방으로 내처 보임補任할 수 없는데, 유신儒臣이 명소命召를 어기다가 천리 밖 변방으로 보내지고 대신臺臣이 바로잡아 구원하다가 잇달아 내처 보임되었습니다. 이런 작은 일에도 오히려 위압하고 기를 꺾으시니, 이보다 큰 것이 있으면 도거刀鋸나 정확鼎鑊으로 대하실 것입니다. 신은 이제부터 앞으로 전하의 조정에 서는 자는 다 금인金人·장마仗馬의 무리일까 두렵습니다. 근래에 정주政注하는 일들이 물정物情에 맞지 않습니다. 전조銓曹의 좌이佐貳가 원인援引하기에 바빠서 사고가 없는 전망前望을 마음대로 빼고 해방該房의 상피相避를 조금도 망설이지 않고 지신知申의 아들을 춘방春坊에 통의通擬하였으니, 따라서 책벌을 주는 일을 결코 그만둘 수 없겠습니다. 안악安岳을 제수할 때에 전조당상銓曹堂上의 뜻은 명관名官에 있었는데 오수채吳遂采가 형을 위하여 몰래 속여서 수의首擬로 삼기를 꾀하였으므로 온 세상에서 시끄러이 전합니다. 전신搢紳에게 수치를 끼쳤으니, 책

벌하지 않아서는 안 되겠습니다." 하였는데, 소가 들어가니, 임금이 그 소를 주강의 연석 筵席에서 내리고 우의정 송인명에게 물으며 말하기를, "그 말이 협잡하다." 하니, 송인명이 말하기를, "예전부터 당전黨戰은 반드시 전조에서 비롯하니 어찌 어렵지 않겠습니까? 춘방은 이창유李昌儒를 가리키는데 그때 이창유의 아비 이춘제李春躋는 지신이었으나 환방換房하였으며, 좌이가 전망에서 뺀 것은 김진상金鎭商을 가리키는데 시골에 있었기 때문입니다. 그 아비가 이미 해방에서 갈렸으면 춘방에 무슨 얽매일 것이 있겠습니까? 안악의 일로 말하면 잔단 것이니 말할 것도 못됩니다."하였다. 임금이 또 묻기를, "의리가 길이 어두워진다는 말은 반드시 영상領相을 가리켰을 것인데, 내가 죄주려 한다." 하니, 송인명이 말하기를, "어찌 영상을 가리켰겠습니까? 성사께서 너그러이 보시는 것이 좋겠습니다. 바깥에서 말하는 것은 오히려 민형수를 죄준 것을 지나치게 여깁니다." 하니, 임금이 드디어 비답을 내려 그 협잡을 꾸짖고 죄주지는 않았다. 이조판서 윤혜교尹惠敎가 상소하여 스스로 변명하니, 유중留中하라고 비답을 내렸다."

9) 조선시대朝鮮時代 의정부議政府) 정2품正二品 문관文官 벼슬.
英祖 49卷, 15年(1739 己未 / 청 건륭乾隆 4年) 5月 8日癸丑 첫 번째 기사
癸丑/以趙顯命爲右參贊。
"조현명을 우참찬으로 삼았다."

10) 英祖 29卷, 7年(1731 辛亥 / 청 옹정雍正 9年) 6月 4日乙未 두 번째 기사
命罷義州府尹柳萬重職, 以開市不飭事也 又命賜昌城府使朴敏雄表裏, 三登縣令林象鼎、江西縣令宋翼輔、祥原 郡守柳經章, 并超授準職, 以關西御史李宗城, 以善治聞也。

"의주 부윤(義州府尹) 유만중(柳萬重)을 파직하라고 명한 것은 개시(開示)를 신칙하지 못한 일 때문이었다. 또 창성부사(昌城府使) 박민웅(朴敏雄)에게 표리(表裏 5822)를 내리고 삼등현령(三登縣令) 임상정(林象鼎), 강서현령江西縣令 송익보宋翼輔, 상원군수祥原郡守 유경장柳經章은 아울러 준직準職을 초수超授하라고 명하였는데, 관서어사關西御史 이종성李宗城이 잘 다스린다고 보고했기 때문이다."
송익보는 아회가 이루어진 다음해에 '승지承旨'로 승격한다.

11) 각주 3 참조.
* 목사 : 조선시대 관찰사 밑에서 목(牧)을 맡아 다스린 정3품 외직(外職) 문관.

12) 英祖 49卷, 15年(1739 己未 / 청 건륭乾隆 4年) 6月 9日甲申 네 번째 기사
以尹得徵爲執義, 金㷛爲持平, 尹得敬爲正言, 沈星鎭爲承旨。

"윤득징尹得徵을 집의로, 김도金㷛를 지평으로, 윤득경尹得敬을 정언으로, 심성진沈星鎭을 승지로 삼았다."

13)《서원아회첩》의 구성에서 살펴본 것처럼 두 그림 다음 두 면에 조현명의〈서원소정기〉가 위차하고 있었고 그 이후 면부터 장장이 서원과 서원소정에 관한 시가 전하는 것으로 미루어 서원아회가 이루어진 이듬해에 다시 아회가 이루어졌을 가능성도 없지 않다.

14) 벼슬아치의 명부名簿.

15) 동지의금부사. 조선 세조 때 의금부에 설치한 종2품의 관직. 조선시대 의금부에서 지사

(知事)를 도와주는 보좌역으로 다른 직책과 겸직할 수 있었다.
1414년(태종 14)에 의용순금사가 의금부로 개편되었으나 이때는 동지의금부사가 없었고 1466년(세조 12) 의금부의 직제를 판사(判事), 지사 다음의 직책으로 동지의금부사를 설치한다고 《경국대전》에 전해진다. 정3품 이상의 당상관이 맡았고 정원은 4명이다. [두산백과사전]

16) 본고 각주 48 참조.

17) 이 기사의 본 내용은 '이이명과 김창집'을 죽이라는 상소는 모함이었다는 내용이다.

18) 《조선왕조실록》이춘제의 졸기 참조.

19) 그림 값을 후하게 주었을 것이라 생각할 수 있고 또한 당색 등에 편벽지지 않고 여러 문인들과 두루 넓은 교우를 가졌던 겸재의 인성도 그 한 연유였을 것이라 생각한다.

20) 이춘제.

21) 벽돌을 쌓아 만든 연못.

22) 최완수, 상동서(현암사, 2009), p. 24.
   최완수, 상동서(범우사, 1993), p. 190.
   이강호, 상동서(삼화인쇄주식회사, 1978), p. 15.

23) 나이 50세(만 49세)를 가리킨다.
   위衛나라의 대부大夫 거백옥이 나이 50이 됨에 지난 49년의 잘못을 알게 되었다 말했던 것에서 유래되었다.

24) 최완수, 상동서(현암사, 2009), p. 24.
   최완수, 상동서(범우사, 1993), p. 190.
   이강호, 상동서(삼화인쇄주식회사, 1978), p. 15.

25) 성균관대학교 심현섭 선생님과 한국고전번역원 자문서비스로 원문탈초 확인과 수정을 거침.

26) 짚이나 억새 따위로 지붕을 이은 정자亭子.

27) 세상을 피하여 시중市中에 숨어 사는 사람.

28) 속세의 일에 더럽혀진 마음.

29) 한국고전번역원 자문서비스로 원문탈초 확인과 수정을 거침. 앞 귀록의 시와 사천의 시를 비교하여 보면 차운次韻한 운韻을 확인할 수 있어 흥미롭다.

30) 이춘제.

31) 벽돌을 쌓아 만든 연못.

05

결結

이상으로 《서원아회첩西園雅會帖》에 관한 전반적인 의미와 내용을 살펴보았다. 본 글의 서문에서 밝혔던 것처럼 작품이 온전한 상태로 남아 있지 않고, 첩 내에 담기어 있던 많은 작품들의 출처가 불분명하여 아회첩 전체의 모습을 상세하고 정확하게 파악할 수 없다는 한계를 가지고 있지만 남아 있는 작품들을 세세히 살펴 첩 전체의 모습과 그 의미를 알아보려 노력했다. 이 논고의 Ⅱ장에서 이 아회첩雅會帖의 구성과 첩이 만들어지게 된 연유를 살펴보았고, Ⅲ장에서 아회가 이루어진 정원 '서원'과 그 정자 '서원소정'의 주인이자 아회첩을 만든 이춘제 자신이 직접 적어놓은 '서원아회기'의 내용과 아회 참가자 중 한 분이었던 귀록 조현명이 지어 이춘제에게 보낸 '서원소정기'의 내용을 자세히 살펴 당시 문인들 '풍류'의 일면을 알아보았다. 또한 Ⅳ장에서 아회첩 내에 담기어 있던 5폭의 그림들과 기·제시들을 살펴 각 글의 내용과 의미 그리고 각 그림의 형태와 담기어 있는 의미, 글과 그림의 관계를 상세히 살폈다.

본 논고 서문에서 밝혔듯 '아회'는 '시문·풍류가 어우러진 문인들의 고상하고 우아한 사적인 모임'이라 할 수 있다. 내용에서 보이듯 '서원아회첩'은 서원과 그 정자 '서원소정'에서 주인 이춘제와 조현명,

정선, 이병연 등 조선시대 문인 7인이 함께 모여 함께한 흔적들이 시와 그림으로 오롯이 담겨 있는 시화첩이라 할 수 있다. 조선시대 문인묵객 8인이 이춘제의 집 후원인 '서원' 그리고 그 정자 '서원소정'과 그 주변의 경치를 감상한 후, 귀록 조현명을 필두로 이춘제의 집이 있던 옥류동에서 청풍계를 넘는 등산을 하게 된다. 이 등산이 좀 고되었는지 이춘제는 아회 후 자신이 직접 지어 첩에 적은 '서원아회(기)'에 이것은 당초 시경에 이르기를 "마침내 절험을 넘었으니 이것은 일찍이 뜻한 바가 아니다.此殆詩所謂, 終踰絕險, 曾是不意者也"라며 너스레를 떨고 있다. 이후 등산으로 흘린 땀을 폭포에서 흘러 떨어지며 이루어진 냇가에 앉아 씻는다. 이후 근처 정자에 모여 앉아 담소를 나누며 쉬고 있는데, 돌연 귀록 조현명 대감이 시를 읊고 동석한 지기들에 시 짓기를 권한다. 이에 모두 시를 읊고 마침내 이춘제가 시를 짓고 읊을 차례이다. 이춘제는 자신은 원래 시학을 좋아하지 않았고 눈이 높고 손이 낮은 증세가 있어 시 짓는 일에 일절 길을 연 적이 없다며 사양하자 귀록 대감이 시령이 어긴 것을 책망한다. 이에 어쩔 수 없이 시를 짓게 되는데 이춘제 자신은 "이 시는 육담시일 뿐이다"라고 말하고 있다. 이춘제의 시를 다시 한 번 살펴보자.

小園佳會偶然成,
杖屨逍遙趁晚晴,
仙閣謝煩心已靜,
雲巒耽勝脚益輕,

休言遠陟勞今夕,
誇託來游冠此生,
臨罷丁寧留後約,
將軍風致老槎淸。

소원의 가회(기쁘고 즐거운 모임) 우연히 이루어지니
지팡이 들고 짚신 신고 비 걷힌 저녁 산을 소요하네.
선객(신선)이 번거로움 사양하니 마음 이미 고요하고
구름 산 승경 찾으니 다리 가볍네.

멀리 올라 오늘 저녁 피곤하다 말하지 말게.
자랑하며 와서 논(유람한) 것 이 생애 제일(으뜸).
파함에 임해 정녕 지체하며 뒷기약 두니
장군의 풍치와 사천 노장의 맑은 뜻일세.

(歸鹿方帶將符, 且每自稱將軍故云)
(귀록이 바야흐로 장수의 증표를 띠고, 또 매양 장군이라 자칭하기에 이렇게 읊는다)

이 시를 살펴보면, 앞서 언급했던 이춘제 자신의 말과는 달리 시가 훌륭하다. 필자의 사견으로 아회(기)와 시의 서체도 유려하고, 이 첩 '서원아회첩'에 담겨 있는 사천 이병연의 시보다 문학성이 뛰어나게 보인다. 이춘제의 부친 이언경李彦經(1653~1710) 또한 문장이 뛰어나고 정교했으며 시를 잘 지었다는 당대의 평이 있고, 누이역시 180권 180책에 달하는 '완월회맹연玩月會盟宴'이라는 장편소설을 지을 정도로 필재가 뛰어났음을 보면[1] 이춘제 역시 집안의 영향으로 문장이 뛰어났음을 알 수 있고 따라서 위 글 '서원아회(기)'의 사양의 말은 겸양의 뜻으로 받아들이는 것이 옳다 생각된다. 여기에서 다시 왕조실록에 실려 있는 이춘제 졸기의 내용이 마음에걸린다. 평생 두루 주요 요직들을 거쳤으며 학문과 문장이 뛰어났던 이춘제가 졸기의 평가처럼 치졸했던 위인이었을까? 이춘제에 관한 깊이 있는 연구가 이루어져야 한다 생각된다.

아회첩 내의 아회기를 비롯한 기, 제시들 그리고 화성 겸재의 그림들을 살펴보면, 조선시대 문인들의 멋들어진 풍류를 한껏 느낄수 있다. 이러한 조선시대 당대 명인들의 글과 그림들로 이루어진소중한 기록들이 담겨 있던 '서원아회첩'이 여러 부분들로 나뉘어첩이 온전한 형태로 전해지지 못하여 첩 내의 모든 내용들을 살피지 못한 것이 못내 아쉽다. 가까운 시일 안에 첩의 모든 부분들이한 곳에 모여 첩의 온전한 모습과 그 내용 그리고 가치를 모두 누리며 완상할 수 있는 기회가 오기를 간절히 바라며 글을 맺는다.

이춘제의 시 구절이 마음에 맴돈다.

臨罷丁寧留後約,
將軍風致老槎淸。

파함에 임해 정녕 지체하며 뒷기약 두니

장군의 풍치와 사천 노장의 맑은 뜻일세.

---

1) 조선시대 장편 여성소설인 '완월회맹연'은 제작시기와 작자가 알려지지 않았으나 18세기
   여성이자 이언경의 딸 그리고 이춘제의 누이동생이었던 조선 후기 전주 이 씨 여성이
   유력하다 할 수 있다. 물론 혼자가 아닌 다수의 여성들에 의하여 제작되었을 가능성 또
   한 제기되고 있다,
   정창권, 『한국 고전여성소설의 재발견』(지식산업사, 2002) 참조.

II

《퇴우이선생진적첩退尤二先生眞蹟帖》의 제고찰

퇴우이선생진적첩退尤二先生眞蹟帖의 제고찰諸考察

-《退尤二先生眞蹟帖》을 통해 본 퇴계退溪 이황李滉의 사상과 진적첩의 가치

※ 본 논고는 『추사정혼秋史精魂』(도서출판 선, 2008)의 부록 편에 수록되었던 논고를 원문과 해제를 추가하고 수정하여 실었음을 밝힙니다.

모암문고茅岩文庫The Moam Collection 이용수李庸銖

|목차|

01

서序

《퇴우이선생진적첩退尤二先生眞蹟帖》은 퇴계退溪 이황李滉 (1501~1570)의 친필 저술인 〈회암서절요晦庵書節要 서序〉와 이 서문을 접하고 감상하였던 우암尤庵 송시열宋時烈(1607~1689)의 두 편의 발문, 그리고 겸재謙齋 정선鄭敾(1676~1759)의 진경眞景(실경實景)에 바탕을 둔 네 폭의 기록화 등이 담겨 있는 작품으로 1975년 보물寶物 585호로 지정된 작품이다.

잘 알려진 바와 같이 퇴계 이황은 율곡栗谷 이이李珥(1536~1584) 와 더불어 조선시대 성리학의 두 거봉으로 숭앙받는 인물이다. 퇴계의 당대 위치와 평가에 관하여는 왕조실록[선조수정宣祖修正 3년 12월 1일(갑오甲午)]에 실려 있는 이황의 졸卒기를 살펴보면, 그 대강을 미루어 알 수 있다[1].

朔甲午/崇政大夫判中樞府事李滉卒。命贈領議政, 賜賻葬祭如禮。滉旣歸鄕里, 屢上章, 引年乞致仕, 不許。至是有疾, 戒子寯曰, 我死, 該曹必循例, 請用禮葬, 汝須稱遺令, 陳疏固辭。且墓道勿用碑碣, 只以小石, 題其面曰, 退陶晚隱眞城李公之墓 以嘗所自製銘文, 刻其後可也。數日而卒, 寯再上疏辭禮葬, 不許。滉,字景浩, 其先眞城人。叔父塤、兄瀣, 皆聞人。滉天資粹美, 材識穎悟, 幼而喪考, 自力爲學, 文章夙成, 弱冠遊國庠。時經己卯之禍, 士習浮薄, 滉以禮法自律, 不恤人譏笑, 雅意恬靜。雖爲母老, 由科第入仕, 通顯非所樂也。乙巳之難, 幾陷不測, 且見權奸濁亂, 力求外補以出, 旣而兄瀣忤權倖冤死, 自是, 決意退藏, 拜官多不就。專精性理之學, 得朱子全書, 讀而喜之, 一遵其訓。以眞知 實踐爲務, 諸家衆說之同異 得失, 皆旁通曲暢, 而折衷於朱子, 義理精微, 洞見大原。道成德立, 愈執謙虛, 從遊講學者, 四方而至, 達官 貴人, 亦傾心向慕, 多以講學 飭躬爲事, 士風爲之丕變。明廟嘉其恬退, 累進爵徵召, 皆不起。家居禮安之退溪, 仍以寓號. 晚年築室陶山, 有山水之勝, 改號陶叟。安於貧約, 味於淡泊, 利勢紛華視之如浮雲。然平居不務矜持, 若無甚異於人, 而於進退辭受之節, 不敢分毫蹉過。其僑居漢城, 隔家有栗樹, 數枝過墻, 子熟落庭, 恐家僮取啖, 每自手拾, 投之墻外, 其介潔如此。上之初服, 朝野顒望皆以爲, 非滉不能成就聖德。上亦眷注特異, 滉自以年已老, 才智不足當大事, 又見世衰俗澆, 上下無可恃, 儒者難以有爲, 懇辭寵祿, 必退乃已。上聞其卒嗟悼, 贈祭加厚, 太學生及弟子會葬者數百人。滉謙讓不敢當作者, 無特著書, 而因論學酬應, 始筆之書, 發揮聖訓, 辨斥異端, 正大明白, 學者信服. 每痛中原道學失傳, 陸、王諸子頗僻之說大行, 常極言竭論, 以斥其非。我國近代亦有花潭徐氏之學, 有認氣爲理之病, 學者多傳述, 滉爲著說以明之。所編輯有 理學通錄 朱子節要 及 文集 行于世, 世稱退溪先生。論者以爲, 滉爲世儒宗, 趙

光祖之後, 無與爲比, 滉才調器局, 雖不及光祖, 至深究義理, 以
盡精微, 則非光祖之所及矣。

"숭정대부崇政大夫 판중추부사判中樞府事 이황李滉이 졸卒하
였다. 그에게 영의정領議政을 추증하도록 명하고 부의賻儀[2]와 장제
葬祭[3]를 예禮로 내렸다. 이황이 향리에 돌아가 누차 상소하여 연로
하므로 치사致仕[4]할 것을 빌었으나 허락하지 않았다. 이때 병이 들
었는데 아들 준寯에게 경계하기를, "내가 죽으면 해조該曹[5]에서 틀
림없이 관례에 따라 예장禮葬을 하도록 청할 것인데, 너는 모름지기
나의 유령遺令이라 칭하고 상소를 올려 끝까지 사양하라. 그리고 묘
도墓道에도 비갈碑碣을 세우지 말고 작은 돌의 전면에 '퇴도만은진
성이공지묘退陶晩隱眞城李公之墓'라고 쓰고, 그 후면에 내가 지어
둔 명문銘文을 새기라." 하였다. 그로부터 며칠 후 죽었는데 준이 두
번이나 상소하여 예장을 사양하였으나, 허락하지 않았다. 이황의 자
字는 경호景浩이고, 선대는 진성인眞城人이며, 숙부 우堣와 형인 해
瀣도 다 명망이 높았다. 이황은 타고난 바탕이 수미粹美하고 재주
와 식견이 영오穎悟[6]하였다. 어려서 아버지를 여의고 자력으로 학
문을 하였는데, 문장文章이 일찍 성취되었고, 약관에 국상國庠[7]에
들어갔다. 당시는 기묘사화를 겪은 후라서 사습士習이 부박浮薄하
였으나, 이황은 예법禮法으로 자신을 지키면서 남의 조롱이나 비웃
음 따위는 아랑곳하지 않고, 고상한 뜻과 차분한 마음을 가졌다. 비
록 늙은 어머니를 위하여 과거를 통해 벼슬을 하기는 하였으나 통현
通顯[8]되기를 좋아하지는 않았다. 을사년 난리에 거의 불측한 화에

빠질 뻔하고 권간權奸[9]들이 조정을 어지럽히는 꼴을 보고는 되도록 외직에 보임되어 나가고자 하였고, 얼마 후 형 해가 권간을 거슬러 억울한 죽음을 당하자 그때부터는 물러가 숨을 뜻을 굳히고 벼슬에 임명되어도 대부분 나가지 않았다. 오로지 성리性理의 학문에 전념하다가《주자전서朱子全書》를 읽고서는 그것을 좋아하여 한결같이 그 교훈대로 따랐다. 진지眞知와 실천實踐을 위주로 하여 제가諸家 학설의 동이득실同異得失에 대해 널리 통달하고 주자의 학설에 의거하여 절충하였으므로, 의리義理에 있어서는 소견이 정미精微하고 도道의 대원大源에 대하여 환히 통찰하고 있었다. 도가 이루어지고 덕이 확립되자 더욱 더 겸허하였으므로 그에게 배우려는 학자들이 사방에서 모여들었고 달관達官·귀인貴人들도 마음을 다해 향모向慕하였는데, 학문 강론과 몸단속을 위주하여 사풍士風이 크게 변화되었다. 명종明宗은 그의 염퇴恬退[10]한 태도를 가상히 여겨 누차 관작을 높여 징소徵召하였으나, 모두 나오지 않고 예안禮安의 퇴계退溪에 살면서 이 지명에 따라 호號를 삼았었다. 늘그막에는 산수山水가 좋은 도산陶山에 집을 짓고 호를 도수陶叟로 고치기도 하였다. 빈약貧約을 편안하게 여기고 담박淡泊을 좋아했으며 이익이나 세력, 분한 영화 따위는 뜬구름 보듯 하였다. 그러나 보통 때는 별다르게 내세우는 바가 없어 일반 사람과 크게 다른 점이 없어 보였지만, 진퇴進退·사수辭受 문제에 있어서는 털끝만큼도 잘못이 없었다. 그가 서울에서 세 들어 있을 때 이웃집의 밤나무 가지가 담장을 넘어 뻗쳐 있었으므로 밤이 익으면 알밤이 뜰에 떨어졌는데, 가동家僮이 그걸 주워 먹을까 봐 언제

나 손수 주위 담 너머로 던졌을 정도로 개결한 성품이었다. 주상의 초정初政[11]에 조야朝野[12]가 모두 부푼 기대에 이황이 아니면 성덕聖德을 성취시킬 수 없을 것이라고 여겼고 상 역시 그에 대한 사랑이 남달랐는데, 이황은 이미 늙었고 재지才智가 큰일을 담당하기에는 부족하며, 또 세상이 쇠퇴하고 풍속도 야박하여 위아래에 믿을 만한 사람이 없어 유자儒者가 무엇을 하기에는 어렵겠다고 여겨 총록寵祿을 굳이 사양하고 기어이 물러가고야 말았었다. 상은 그의 죽음을 듣고 슬퍼하여 제례祭禮를 더욱 후하게 내렸으며, 장례에 모인 태학생太學生과 제자들이 수백 명에 달하였다. 이황은 겸양하는 뜻에서 감히 작자作者로 자처하지 않아 특별한 저서著書는 없었으나, 학문을 강론하고 수응酬應한 것을 붓으로 쓰기 시작하여 성훈聖訓을 밝히고 이단異端을 분별했는데, 논리가 정연하고 명백하여 학자들이 믿고 따랐다. 매양 중국에 도학道學이 전통을 잃어 육구연陸九淵·왕수인王守仁 등의 치우친 학설들이 성행하고 있는 것을 슬프게 여겨 그 그름을 배격하기에 극언極言·갈론渴論을 아끼지 않았고, 우리나라도 근대에 화담花潭 서경덕徐敬德[13](1489~1546)의 학설이 기氣를 이理로 오인한 병통이 있었는데도 그를 전술傳述하는 학자들이 많아 이황은 그 점을 밝히는 저술도 썼다. 그가 편집한 책으로는《이학통록理學通錄》·《주서절요朱書節要》가 있고, 그의 문집文集이 세상에 전해지는데, 세상에서는 그를 퇴계 선생退溪先生이라 한다. 논자들에 의하면, 이황은 이 세상의 유종儒宗으로서 조광조趙光祖 이후 그와 겨룰 자가 없으니, 이황이 재주나 기국器局[14]에 있어서는 조광조에 미치지 못하지만 의리義理를 깊이 파고들어 정미精微한 경지까지 이른 것은 조광조가 미치지 못한다고 한다."

겸재謙齋 정선鄭敾(1676~1759) 역시 모르는 이가 없을 정도로 잘 알려진 화성畵聖이라 일컬어지고 있는 조선 후기의 대표적인 화가이며 또한 문인이었다[15]. 특히 겸재는 한국적 산수화인 진경산수의 지평을 열었으며 또 그 진경산수 완성의 경지를 이루어낸 인물이라 할 수 있다. 겸재는 당대에 일찍이 화명을 얻었으며, 그에 관한 기록 또한 그 수가 적지 않다[16]. 겸재 정선과 그의 작품에 관한 연구는 과거부터 지금까지 일일이 그 수를 헤아릴 수 없을 정도로 방대하다[17]. 이러한 점들이 당대와 현재의 그와 그의 작품에 관한 위상과 평가를 잘 보여준다 할 수 있다.

이러한 평가를 받고 있는 두 거장의 철학哲學과 혼魂이 고스란히 담겨 있는 작품들이 이《퇴우이선생진적첩退尤二先生眞蹟帖》에 전하고 있는 것이다. 지금까지 이 진적첩眞蹟帖에 담겨 있는 작품들에 관한 기존의 많은 연구들이 있어왔다[18]. 하지만, 이 진적첩에 담겨 있는 작품들에 관한 부분적인 연구들만이 이루어졌을 뿐 첩 전체의 내용과 내력來歷(Acquisition History or Collection History), 그리고 이 진적첩의 가치 등을 모두 아우르는 연구는 이루어지지 않았다[19]. 이에 이《퇴우이선생진적첩退尤二先生眞蹟帖》에 관한 전반적인 연구가 필요하다는 생각이 들었다.

본고에서는《퇴우이선생진적첩退尤二先生眞蹟帖》자체의 연구에 그 중심을 두어 설명을 하려 한다. 먼저 진적첩의 구성과 첩에 담긴 모든 발문들의 내용과 내력을 살펴 이 첩의 연원淵源과 지금까지 전해지게 된 역사를 밝히고, 첩에 담긴 퇴계의 친필수고본親筆手稿本인〈회암서절요晦庵書節要 서序〉의 전반적인 내용 확인을 통하여 퇴계 사상의 단면을 알아보려한다. 또한, 이 첩에 담긴 겸재의 네 폭 산수화와 발문, 사천 이병연의 제시를 살피고, 각각의 작품에 담겨 있는 의미와 퇴계의 수고원고와 겸재의 산수 그리고 겸재의 산수와 여러 발문들과의 관계를 밝혀, 이《퇴우이선생진적첩退尤二先生眞蹟帖》의 가치와 역사적 의미를 증명하려 한다.

---

1) 국사편찬위원회國史編纂委員會《조선왕조실록朝鮮王朝實錄》선조수정실록宣祖修正實錄 4권, 3년(1570 경오년庚午年 /명 융경隆慶 4년) 12월 1일(갑오甲午) 첫 번째 기사 참조. http://sillok.history.go.kr/ 참조.

2) 상가(喪家)에 부조로 보내는 돈이나 물품. 또는 그런 일.

3) 장례와 제사

4) 관직을 내놓고 물러남.

5) 해당 관청.

6) 남보다 뛰어나게 영리하고 슬기로움.

7) 성균관의 별칭.

8) 지위와 명망이 높아 세상에 널리 알려짐을 일컫거나 지위가 높은 벼슬자리.

9) 권력과 세력을 가진 간사한 신하.

10) 관직에 근무하다가 명예나 이권利權에 뜻이 없어 벼슬을 내놓고 물러나는 것으로 청렴

결백하고 고절高節한 사대부가 이를 통해 도道를 함양하는 것을 말함.

11) 새로 등극한 임금이나 새로 도임한 관찰사, 수령이 집무를 시작하던 일.

12) 조정朝庭과 민간民間을 이르는 말.

13) 국사편찬위원회國史編纂委員會《조선왕조실록朝鮮王朝實錄》선조수정실록宣祖修正實錄 4권, 3년(1570 경오년庚午年 /명 융경隆慶 4년) 12월 1일(갑오甲午) 첫 번째 기사 국역본에 '서경덕徐慶德'이라 표기되어 있다. '서경덕徐敬德'으로 표기함이 옳다.

14) 기량器量.

15) 정선의 신분에 관하여 그가 도화서 화원이었다는 것을 근거로 중인이었다는 주장도 있으나 그의 집안은 본래 사대부 출신으로 중인이라 하기 힘들다.

16) 오세창 편,《근역서화징槿域書畵徵》정선鄭敾 편 참조.

17) 이 논저 각주 16 참조.

18) 이 첩에 담겨 있는 〈회암서절요晦庵書節要 서序〉에 나타난 퇴계退溪 이황李滉의 사상과 겸재謙齋 정선鄭敾과 그의 산수화들에 관한 기존의 연구들을 살펴보면, 그 수가 방대하여 일일이 열거하기 어렵다. 그 목록들을 하나하나 밝히는 대신 한국미술연구소 편《미술사논총》창간호(1995년 6월)의 별책부록인《한국미술사논저 목록》과 안동대학교, 단국대학교, 특히 경북대학교 퇴계연구소退溪硏究所 간刊《퇴계학연구논총 1~10권》(논총 제10권 연보 및 자료집)(http://www-2.kyungpook.ac.kr/~toegye/start. htm), 그리고 미술사연구회 (http://www.hongik.ac.kr/~misa/misahome.html)의 미술사논문검색 등에 실린 관련 자료들을 참조하기 바란다.

19) 비록 겸재의 산수 연구에 그 중심을 두고 있지만, 기존의 연구 중《퇴우이선생진적첩退尤二先生眞蹟帖》에 관하여 전반적으로 다루고 있는 대표적인 연구로 최완수,《겸재謙齋 정선鄭敾 진경산수화眞景山水畵》(범우사汎友社, 1993/2000)를 들 수 있다.

02

《퇴우이선생진적첩退尤二先生眞蹟帖》

1. 진적첩眞蹟帖의 구성

《퇴우이선생진적첩退尤二先生眞蹟帖》은 총 16면(앞뒤 표지 포함)으로 이루어져 있으며 앞표지에 '퇴우이선생진적退尤二先生眞蹟'이라는 겸재의 차자次子 정만수鄭萬遂(1701~1784)의 표제表題와 '부화附畫 계상정거溪上靜居 무봉산중舞鳳山中 풍계유택楓溪遺宅 인곡정사仁谷精舍'라는 역시 정만수의 글이 씌어 있다. 표지를 열면 두 면에 걸쳐 퇴계가 회암서절요晦庵書節要 서序[1]를 짓고 있는 모습을 그린 겸재의 '계상정거도'가 위치해 있고, 뒷면 4면에 걸쳐 퇴계의 친필수고본인 '회암서절요 서'가 있으며, 다음 두 면에 두 번에 걸친 우암 송시열의 친필발문과 이 퇴계의 친필수고본의 연원으로부터 자신의 집 인곡仁谷에 전해지게 된 내력을 상세히 적어놓은 겸재 차자 정만수의 부기附記가 있다. 이 뒤 총 4면에 걸쳐 겸재 자신이 이 수고본의 내력을 전하는 3편의 그림(무봉산중舞鳳山中, 풍계유택楓溪遺宅, 인곡정사仁谷精舍)을 그려 넣었고 이와 더불어 관아재觀我齋 조영석趙榮祏(1686~1761)과 함께 겸재의 지기知己였던 사로槎老(사천槎川) 이병연李秉淵(1671~1751)의 제시題詩를 받아 첨부하였다. 그리고 고산鼓山 임헌회任憲晦

(1811~1876)의 발문, 구룡산인九龍山人 김용진金容鎭(1878~1968), 그리고 모운茅雲 이강호李康灝(1899~1980)[2]의 발문별지가 다음 두면에 전하고 있다. 진적첩 네 면에 걸친 퇴계의 친필수고본 〈회암 서절요 서〉와 우암의 두 번에 걸친 발문, 모운 이강호의 발문별지를 제외한 겸재의 4폭 진경산수 기록화를 포함한 모든 작품들은 진적첩 내 원본면에 작품되어 있다.

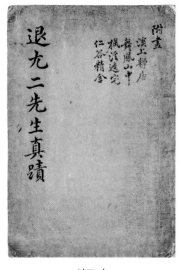 

앞표지   뒷표지

▲도 1. 이황李滉 (1501~1570), 송시열宋時烈 (1607-1689), 정선鄭敾 (1676~1759), 이병연李秉淵 (1671~1751), 정만수鄭萬遂 (1710~1795) 외,《퇴우이선생진적첩退尤二先生眞蹟帖》중 〈앞표지〉, 1746년, 보물 585호, 지본수묵紙本水墨, 각 32.5 x 22.3cm

첩의 겉표지는 종이를 매우 두텁게 만들었으며 속지는 닥나무로 만들어진 종이로 되어 있어 전형적인 조선시대 첩의 양식을 보여주고 있다(도 1). 아무런 수리의 흔적이나 변형된 부분을 찾아볼 수 없고 그 원형의 모습을 잘 간직하고 있는 작품이다[3].

2. 진적첩眞蹟帖의 내력

이 진적첩의 연원과 그 내력에 관하여는 정만수의 부기(발문)내용을 살펴봐야 한다[4]. 이 정만수 부기발문의 내용을 시작으로 첩 내의 다른 발문기록 등을 근거로 이 첩의 연원과 현재 모암문고茅岩文庫에 수장, 보관되기까지의 경로를 추적하여 보자.

정만수 부기발문에 의하면, 퇴계가 무오년(1558년) 그의 나이 58세 시에 친서한 수고본 〈회암서절요晦庵書節要 서序〉를 선생의 장손인 몽재蒙齋 이안도李安道(1541~1584)가 소장하고 있었고, 이 안도는 이 할아버지의 묵보墨寶를 외손자인 정랑正郞 홍유형洪有炯에게 전하여주었다. 홍유형은 이 묵보를 다시 사위인 박자진朴自振(1625~1694)에게 물려주었는데, 박자진이 바로 다른 이가 아닌 겸재謙齋 정선鄭敾(1676~1759)의 외조부이다. 겸재의 외조부인 박자진은 이 퇴계의 친필 〈회암서절요 서〉 수고본手稿本을 당대의 대학자인 우암尤庵 송시열宋時烈(1607~1689)에게 숭정갑인년崇禎甲寅年(1674년)과 임술년壬戌年(1683년)에 9년의 시차를 두고 두 번씩이나 찾아가 발문을 받는다. 이 묵보는 박자진의 증손曾孫인 박종상朴宗祥(1680~1745)에게까지 전하여지게 되고, 이에 겸재의 차자 정만수는 자신의 진외가 재종형인 박종상에게 찾아가 성심으로 퇴계의 묵보를 얻기를 간청하게 되었고 만수의 성심을 안 종상은 이에 퇴계의 친필수고본과 우암의 발문, 두 대선생의 묵적을 정만수에게 건네주게 된 것이다. 이리하여 이 두 대선생의 심오한 철학과 혼이 고스란히 담겨 있는 묵적이 겸재의 집인 인곡仁谷에 전하여지게 되었고, 겸재는 이 묵보를 가보로 후세에 전하기 위하여 첩으로 꾸미고, 묵보를 구해온 자신의 차자 만수로 하여금 표제와 이 묵보의 내력을 적게 하고 자신의 진경산수 기록화 4폭을 지기인 사로槎老(사천槎川) 이병연李秉淵의 시와 첨부하였던 것이다. 이후 이 《퇴우이선생진적첩退尤二先生眞蹟帖》은 겸재의 집안 인곡에서 나와 고산鼓山 임헌회任憲晦(1811~1876)의 수중으로 들어가게 되었고, 이 후 동교東喬 민태식閔泰植(1903~1981)[5]의 수장품이 되었다. 이 진적첩을 구한 민태식은 지기였던 모운茅雲 이강호李康灝(1899~1980)와 더불어 여러 차례 이 첩과 퇴계의 〈회암서절요晦庵書簡要 서序〉를 완상玩賞하신 후 이 연구를 정리하여 논문을 쓰셨으니 이 논문이 바로 "퇴계退溪의 회암서절요晦庵書簡要와 일본의 근대문교에 끼친 영향-〈퇴계退溪의 친필親筆 회암서절요晦庵書簡要 서문序文 친필초고본親筆草稿本을 얻고서〉(한국중국학회, 1968)"[6]이다. 비록 40여년 전에 씌어진 글이지만 〈회암서절요 서〉에 관한 연구뿐 아니라 퇴계 선생의 사상과 일본에 미친 영향을 잘 정리한 글로 일독一讀을 권한다. 다음 장에서 설명하겠지만 《퇴우이선생진적첩退尤二先生眞蹟帖》 내內 〈회암서절요 서〉 상단의 덧붙여진 잔글씨(소서小書)가 민태식이 연구하며 기록한 친필소서이다. 이 작품에 관한 내용은 아니지만 두 분 동교 민태식과 모운 이강호의 완상기록이 몇 점 전하고 있는데 그중 한 편을 살펴보자(도 2).

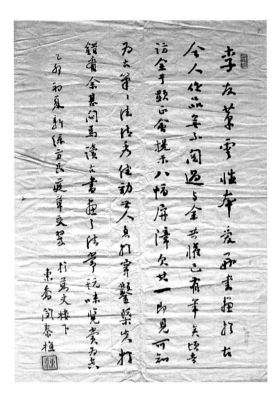

▲도 2. 민태식,〈이우모운李友茅雲 서書〉, 1975, 지본수묵紙本水墨, 33×46㎝

李友茅雲 性本愛好書畵 於古今人作品 無不閱過 與余共懽己
有年矣 頃者訪余于顯正會 提示八幅屛障 欠其 一卽見可知爲古
筆 筆法淸秀健勁 世人急於穿鑿 槩失於錯看 余甚悶焉 讀古書
畵之法 常玩味覽賞爲貴

乙卯初夏 新綠方長 庭草交翠 於萬丈樓下
東喬 閔泰植

"나의 벗 이李 모운茅雲은 성품이 본시 자애롭고 고금인 들의 작품들에서 서화를 좋아하여 그저 혼자 보고 지나가는 일 없이 나와 더불어 함께 소유 작품들을 완상하며 좋아한지 오래되었다. 요즈음 내가 현정회에 있을 때 방문하여 팔폭병장을 내어 보이니 흠을 한 번 곧 보고 고필이며 필법이 맑게 빼어나고 아름답고 강건하여 천착 (억지로 이치에 닿지 아니한 말을 함)에서 세인이 경계하고 착간으로 풍채를 잃은 것을 아니 (알고 말하니) 내가 대단히 민망하였다. 고서화의 법을 읽고 항상 완상하는 맛과 감상함이 귀한 것이다.

을묘(1975년) 초여름 신록에 바야흐로 앞마당의 풀잎이 서로 사귀어 춤추듯 하며 자라고 자라나는 만장루萬丈樓 아래에서

동교 민태식"

이 글로 두 분 교우의 정도를 미루어 알 수 있다. 이렇듯 소중히 간직하던 가보家寶를 1973년 지기 모운 이강호의 손자(용수庸銖)가 태어난 것을 축하하기 위하여 전하여주게 된다. 태어난 손자와 자子를 기념하여 구입한 이《퇴우이선생진적첩退尤二先生眞蹟帖》을 성심으로 수장 보관하여 현재에까지 이르고 있는 것이다. 이상에서 보이듯 이 진적첩眞蹟帖에는 퇴계退溪와 우암尤庵 두 선생先生을 비롯한 많은 문인들의 철학哲學과 예술혼藝術魂, 그리고 조선朝鮮에서 현재까지 450여 년의 역사가 고스란히 간직되어 있는 것이다.

1) 흔히 '주자서절요朱子書節要 서序'라 불리고 있는데 이는 정확하지 않다. 이 퇴계 선생의 친필수고본親筆 手稿本 서序와 퇴계가 엮은 편저는 '회암서절요晦庵書節要 서序'와 '회암서절요晦庵書節要'라 불리어야 한다. 이에 관한 설명은 다음 장 '회암서절요 서' 편에서 하기로 한다.

2) 본관 전주. 효령대군 18대손. 학자이자 서화감식가이다. 전 충남대학교 총장 동교東喬 민태식閔泰植(1903~1981), 학자이자 정치가인 윤석오尹錫五(1912~1980), 한학자 조국원趙國元, 전 성균관장 취암醉巖 이재서 李載瑞, 전 가톨릭대학교 의과대학 교수, 전 여의도 성모병원장 간산干山 정환국鄭煥國(1922~1999) 등과 평생 교유하였다. 고서화 감식에 명망이 높아 1943년 위당爲堂(담원簷園) 정인보鄭寅普(1893~1950)가 그 정취를 극히 찬양하여 1943년 '모운茅雲'이라는 호와 10폭 대작 병장을 서봉하였다. 이병장이 지금까지 모암문고茅岩文庫에 전한다. (본서 작품 V.〈세풍도도10곡병世風滔滔10曲屛〉참조) 이강호,《고서화古書畵》(삼화인쇄주식회사, 1978)
Yong-Su Lee, Art Museums - Their History, Present Situation and Vision: The Case of the Republic of Korea(Chicago: The Art Institute of Chicago, 2007), p. 60.

3) 문화재청《퇴우이선생진적첩退尤二先生眞蹟帖》자료설명 참조.
이동환, "《퇴우이선생진적첩退尤二先生眞蹟帖》조사보고" (문화재관리국장서각《국학자료 21》, 1975), pp. 13~15. (조사보고 참조)

* 이동환, "《퇴우이선생진적첩退尤二先生眞蹟帖》 조사보고"의 내용 중 잘못된 부분이 있다. 내용 중 우암 송시열의 발문내용 첫 부분인 '이 절요서와 목록을 영인본으로만 보아오다(중략)'의 내용을 근거로 《퇴우이선생진적첩退尤二先生眞蹟帖》 내內에 퇴계의 친필 '목록'이 전하지 않는 것을 말하였으나 이는 내용을 잘못 이해한 것에 따른 오류이다. 우암이 말한 것은 '퇴계 선생의 제자들에 의하여 간행되었던 《주자서절요朱子書節要》의 '목록'을 이름이다. 퇴계선생이 《회암서절요晦庵書節要》를 직접 편찬할 당시에 친필 목록이 있었는지 모르겠으나, 편찬 이후에는 어떻게 되었는지 전혀 알 수 없다. 또 우암 발문을 모두 살펴보면 겸재 외가에 전하던 작품은 퇴계의 친필수고본 '회암서절요晦庵書節要 서序'뿐임을 알 수 있다.(발문내용 참조)

4) 이 부기의 해제는 Ⅳ장의 내용을 참조하기 바란다.

5) 본관 여흥. 철학자이자 서예가. 고향에서 한학을 배운 뒤 경성제국대학 법문학부 철학과 졸업(1933), 연희전문학교 교수(1941), 개성박물관 관장(1943), 서울대학교 교수(1945), 충남대학교 총장(1945), 성균관대학교 유학대학 초대학장(1968), 이후 동방연서회 회장, 현정회 고문, 사문학회 회장, 동양문화연구소 소장 등을 역임했다.

6) 민태식, "퇴계退溪의 회암서절요晦庵書節要와 일본의 근대문교에 끼친 영향-퇴계退溪의 친필親筆 회암서절요晦庵書節要 서문序文 친필초고본親筆草稿本을 얻고서",《중국학보 9권》(한국중국학회, 1968), pp. 47~63.

03

〈회암서절요晦庵書節要 서序〉를 통해 본 퇴계退溪 이황李滉(1501~1570)의 사상

1.〈회암서절요晦庵書節要 서序〉

〈회암서절요晦庵書節要 서序〉는 퇴계退溪 58세 시 무오년戊午年(1558년)에 씌어진 친필수고본이다. 수고본 서문의 마지막 부분을 살펴보면, "가정무오하사월근서嘉靖戊午夏四月謹序"라 쓰어 있다. 그러나 《퇴계집退溪集》과 《퇴계전서退溪全書》 등에 수록되어 있는 〈퇴계연보退溪年譜〉에 따르면 〈주자서절요朱子書節要 편차編次와 서序〉가 병진년丙辰年(1556년) 선생 56세 시에 완성되었다고 오기誤記되어 있어 혼란을 주고 있다[1]. 이 부분의 잘못을 잘 밝히고 있는 논문이 앞에서 언급한 민태식의 논문이다[2].

그 논지를 살펴보면, 〈퇴계연보退溪年譜〉에 따르면 〈주자서절요朱子書節要 편차編次와 서序〉가 병진년丙辰年(1556년) 선생 56세 시에 완성되었다 기록되어 있는데, 살펴본 〈퇴계연보退溪年譜〉의 퇴계 56세조 상단에 "謹按先生所著節要末段年月, 序文之成在戊午夏四月"이라 부기附記(주해註解)되어 있는 점과 간행본 《주자서절요朱子書節要》 책자 내內 퇴계의 '주자서절요朱子書節要

서序' 끝부분에 고봉高峰 기대승奇大升(1527~1572)의 발문(도 3-1, 3-2, 3-3)[3]이 전하는데 이 발문 역시 서문이 완성된 때를 嘉靖戊午年(1558년) 선생 58세 시라 전하고 있어 이 친필수고본 〈회암서절요晦庵書節要 서序〉의 내용과 일치함을 보여주고 있어 이 연보의 내용이 잘못되었다는 점을 밝혔다. 고봉의 발문은 이외에도 더욱 많은

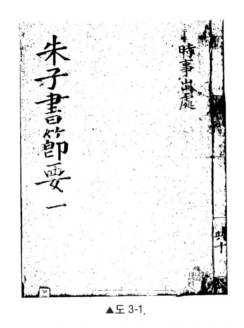

▲도 3-1.

중요한 사실을 말하여준다. 고봉의 발문 내용을 살펴보자.

先生此序成於嘉靖戊午, 是時先生年五十八矣。手自淨寫藏之巾米嘗出以示人, 蓋其微意, 不欲以纂述自居也。後因學者求觀節要, 則侵以流布, 至有入, 以廣基傳者乃更名朱子書節要, 倂刻目錄及註解, 而序則終不出焉。先生既沒, 門下諸人始得見其手稿, 咸謂先生輯錄之意不可使無傳, 遂謄刻以卷首云。

隆慶六年九月日後學高峯奇大升謹識

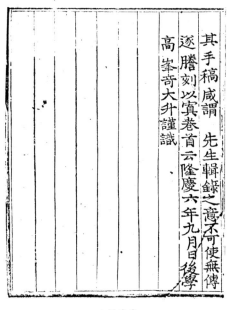

之難理然而區區發端實有賴於此書故不敢
以人之指目而自隱樂以告同志且以俟後來
於無窮云嘉靖戊午夏四月日後學眞城李滉
謹序
先生此序成於嘉靖戊午是時　先生年五
十八矣手自淨寫藏之巾笥未嘗出以示人
蓋其微意不欲以纂述自居也後因學者求
觀卽要則漫以流布至有入榨以廣其傳者
乃更名朱子書節要幷刻目録及註解而序
則終不出焉　先生旣没門下諸人始得見

▲도 3-2.

其手稿咸謂　先生輯録之意不可使無傳
逐謄刻以實卷首云隆慶六年九月日後學
高峯奇大升謹識

▲도 3-3.

"퇴계 선생의 이 서문은 가정무오년에 이루어졌고, 이 시기는 선생이 58세 때이다. 자필로 깨끗이 써서 건사巾笥[4]에 수장하여 두고 다른 사람에게는 보이지 아니하였다는 것을 밝힌 것이니 선생이 이 절요를 세상에 공개하지 아니할 뜻을 보인 것이다. 이에 반하여 후학들은 선생이 찬술한 절요를 중히 여겼을 뿐 아니라 반드시 간행에 부칠 것까지 합도合圖[5]하였고, 다음에 서명을 주자서절요朱子書節要라고 변경하는 동시에 목록과 주해도 아울러 각하였으나 선생의 자필초고본自筆草稿本인 서문序文만은 구하지 못하였다. 선생이 몰한 후에 비로소 문하 제인이 그 수고본을 얻어서 선생의 집록한 뜻을 바르게 전한 것이며, 다시 등각하여 책머리에 옮기게 된 것이다.

　민태식 주해[6]

　융경 6년(壬申年, 1572) 구월일 후학 고봉 기대승 근식"

　이 내용을 보면, 비록 퇴계 생존 시에 《주자서절요朱子書節要》 책이 간행되었으나 서문序文이 존재하지 않았고, 선생이 돌아가신 후 자필초고본自筆草稿本 서문이 발견되어 비로소 선생의 서문을 넣고 그 뜻을 올바르게 전하게 되었다는 것이다. 이에 관한 설명은 규장각奎章閣 《주자서절요朱子書節要》 해제[7]를 살펴보면 더욱 쉽게 이해가 간다.

　(1) 규奎 1276, 2270~2272, 2278~2283, 2287~2290, 2294,

2297~2300, 2989, 3016, 3540, 3945 주희朱熹 찬, 이황李滉 편, 1611년(광해군 3). 20권 10책, 목판본, 33.6×21.6cm.

(2) 규중奎中 2468 주희朱熹 찬, 이황李滉 편, 1611년(광해군 3). 16책(영본零本), 목판본, 33.8×22cm.

(3) 규奎 703, 4172 주희朱熹 찬, 이황李滉 편, 1743년(영조 19). 20권 10책, 활자본(임진자壬辰字), 28.5×20.3cm.

(4) 규奎 2962, 2963, 3375 주희朱熹 찬, 이황李滉 편, 1743년(영조 19). 20권 10책, 목판본, 33×21.8cm.

(5) 고古 1344-4 주희朱熹 찬, 이황李滉 편, 간년 미상. 20권 10책, 목판본, 33×22cm.

(6) 일원一簑 고古 181.1-Y56j. 19-20 주희朱熹 찬, 이황李滉 편, 간년 미상. 1책(영본零本), 목판본, 33.4×22cm.

이황李滉(1501~1570)이《주자대전朱子大全》에서 주희의 서간문을 편집한 책이다. 이황이 편집할 당시와 황준량黃俊良(1517~1563)이 간행할 때까지는《회암서절요晦菴書節要》라고 하였다. 이황은 1543년(중종 38) 이후에 처음으로《朱子大全》을 접하였으나 100권이 넘는 거질이어서 요령을 얻기 어려워 "학문을 하는 데에는 반드시 발단흥기지처發端興起之處가 있는 것이다. 따라서 그것은 문인門人과 지구知舊들 간에 왕복한 서찰로부터 시작해야 한다"라고 하였다. 그리하여《朱子大全》가운데 1,700여 편의 서찰 중 1,008편을 뽑고 번잡한 것은 산거刪去[8]하고 요지를 선취하여 20권으로 만든 것이다. 문인 이담李湛(1510~1557)에게 보낸 편지〈답이중구答

李仲久〉(1563년, 명종 18)를 통해 편집목적과 의도를 살펴볼 수 있다. 내용을 정리하면 다음과 같다.

㉮ 세상 사람과 함께 보기 위한 것이 아니라 노경老境의 短乏단핍에 대처하여 성람省覽하기 위해 만들었다.

㉯ 긴수작처緊酬酌處, 인사말, 평소의 정회情懷를 말한 것, 산수山水를 유완遊玩한 일, 시속時俗을 말한 것 등의 한수작처閒酬酌處를 함께 편집하여 수록하였다. 이는 완독玩讀하고 음미하는 사람이 주희의 풍모를 심신안한心身安閒하고 우유일락優遊逸樂하는 가운데서 직접 보듯이 하고, 그 말의 지취旨趣를 기침하고 담소하는 모습에서 직접 살펴보듯 하자는 의도이다.《주자서절요》는 여러 차례 간행되어 여러 판본이 존재한다. 판본을 정리하면 다음과 같다.

(1) 初刊本인 성주간본星州刊本으로서 1561년(명종 16) 黃俊良이 성주목사星州牧使로 있으면서 간행한 것이다. 영천永川 임고서원臨皐書院의 활자活字를 차용借用하여 印行한 活字本이다. (2) 해주본海州本·평양본平壤本으로서 활자본이다. 기대승奇大升(1527~1572)의 발문을 통해 확인되는 것이므로 동일한 활자로 간행하였는지는 알 수 없다. 1564년 유중영柳中郢(1515~1573)이 황해도관찰사黃海道觀察使로 있으면서 活字로 간행하였으나 유포된 것은 소량이다.

(3) 정주본定州本으로서 목판본이다. 柳中郢(1515~1573)이 1567년 定州牧使로 부임하여 난해어難解語에 주해注語를 붙이

고, 目錄 1권과 知舊와 門人의 姓名과 사실事實을 기재하여 간행한 것이다. 이로써 완정完整된《주자서절요》의 모습을 갖추게 되었다. 기대승의 발문이 첨부되었고 이후의 간행본에 실렸다.

(4) 천곡서원본川谷書院本이다. 처음으로 李滉의 자서自序를 붙여 1575년에 간행한 것이다. 기존 간행본에는 自序가 없었는데, 1558년에 서문이 발견[9]되면서 비로소 첨부된 것이다. 1572년(선조 5)에 奇大升(1527~1572)이 自序에 대한 跋文을 썼다. 日本에서 간행된 명력본明曆本의 저본이기도 하다.

(5) 전주본全州本에는 "萬曆三十九年仲秋重刊于全州府"라는 간기가 있다.《우복선생별집愚伏先生別集》권4 부록연보附錄年譜(《동춘당집同春堂集》한국문집총간 107, p. 427 및《우복선생연보愚伏先生年譜》〈古 4655-100〉권1 p. 19)에 의하면, 1611년(광해군 3) 정경세鄭經世(1563~1632)가 금산錦山에서 간행(錦山本)하였다고 하였는데, 본문의 각 편말篇末에 간혹 '별고別考'를 첨부하여 주해註解의 오류를 바로잡았다고 지적하였다. 이는 유성룡柳成龍(1542~1607)에게 받은 필사본을 전라감사로 있으면서 간행한 것이다. 전주본의 만력 39년은 1611년에 해당하므로 錦山本(현재 羅州)과의 관계가 현재로선 불분명하다. 금산본을 규장각에서는 확인할 수 없으나 '別考'가 보이는 것으로 보아 두 판본의 상관관계를 시사한다 하겠다. 全州刊本은 기해제된〈奎 3540〉과,〈1〉〈奎 1276〉·〈奎 3016〉·〈奎 3945〉,〈2〉〈奎中 2468〉,〈6〉〈一簑 古 181.1-

Y56j.19-20〉이 해당된다.〈奎 1276〉1612년(광해군 4) 강화사고
江華史庫에 내린다는 내사기內賜記와 선사지기宣賜之記가
찍혀 있다. 6책(권1-4, 11-18)만 남아 있다.〈奎 3016〉시강원侍
講院, 춘방장春坊藏이 찍혀 있다.〈奎 3945〉1612년에 오대산
사고五臺山史庫에 내린다는 內賜記와 宣賜之記가 찍혀 있
다.〈奎中 2468〉 상고廂庫라는 인장이 찍혀 있다. 20권 20책
으로 장정한 것이 특징이고, 이 가운데 권1, 10, 11, 13이 결권
이다.〈一簣 古 181.1-Y56j.19-20〉경성대학도서京城大學圖書
라는 인장이 찍혀 있다.

(6) 계해도산서원간본癸亥陶山書院刊本이다. "上之十九年癸亥
秋陶山書院刊"이라는 간기가 있어 1743년(영조 19)에 간행
되었음을 알 수 있다.〈1〉〈奎 2989〉,〈3〉〈奎 4172〉,〈4〉〈奎
2962〉·〈奎 2963〉·〈奎 3375〉,〈5〉〈古 1344-4〉등이 이 판
본에 해당한다.〈奎 4172〉侍講院 인장이 찍혀 있다. 卷1에 17
쪽은 필사하여 보충하였다.〈奎 2962〉제9~10책이 결책되어 있
고, 구결이 달려 있다.〈奎 3375〉《규장각도서한국본종합목록
奎章閣圖書韓國本綜合目錄》에서는 신실도서지장帝室圖書
之章이 찍혀 있다고 하였으나, 학부도서學部圖書 인장이며 홍
재弘齋, 震章, 侍講院, 編輯局保管 등이 찍혀 있다. 전체적
으로 좀이 슨 부분이 많고, 부분적으로 구결이 달려 있다.〈奎
2962〉에는 摛文院, 弘齋, 震章, 侍講院 등이 찍혀 있다. 구
결이 달려 있고, 3책(권7~12)이 결락되어 있다.〈奎 2963〉에는
弘齋, 震章, 侍講院 등이 찍혀 있다.〈5〉〈古 1344-4〉풍산세

가 豊山世家 및 판독이 안 된 원형의 인장이 찍혀 있다.〈奎 2989〉,〈3〉〈奎 4172〉,〈4〉〈奎 2962〉·〈奎 2963〉·〈奎 3375〉, 〈5〉〈古 1344-4〉 등이 해당한다.〈奎 4172〉侍講院 인장이 찍혀 있다. 卷1에 17쪽은 필사하여 보충하였다.〈奎 2962 제9~10책이 결책되어 있고, 구결이 달려 있다.〈奎 3375〉《奎章閣圖書韓國本綜合目錄》에서는 帝室圖書之章이 찍혀 있다고 하였으나, 學部圖書 인장이며 弘齋, 震章, 侍講院, 編輯局保管 등이 찍혀 있다. 전체적으로 좀이 슨 부분이 많고, 부분적으로 구결이 달려 있다.〈奎 2962〉에는 摛文院, 弘齋, 震章, 侍講院 등이 찍혀 있다. 구결이 달려 있고, 3책(권7~12)이 결락되어 있다.〈奎 2963〉에는 弘齋, 震章, 侍講院 등이 찍혀 있다.〈5〉〈古 1344-4〉豊山世家 및 판독이 안 된 원형의 인장이 찍혀 있다.

(7) 敎書館本으로서 壬辰字로 간행한 것이다. "上之十九年癸亥秋陶山書院刊"이라는 刊記가 있는 것으로 보아 癸亥陶山書院刊本을 저본으로 간행된 것으로 추정된다. 규장각 소장《주자서절요》의 대부분을 차지한다. 壬辰字는 1772년(영조 48) 東宮으로 있던 정조에 의해 주조되었고 교서관에 보관되어 필요할 때마다 사용하였으며, 현재 국립중앙박물관에 간직되어 있다. 이 판본의 간행시기는 정확하지는 않지만, 1772년을 상한년으로 설정할 수 있다.〈1〉〈奎 1276〉·〈奎 3016〉·〈奎 3945〉·〈奎 2989〉을 제외한 것과 〈3〉의〈奎 703〉이 이 판본에 해당한다.〈3〉〈奎 703〉에 帝室圖書之章이 찍혀 있고, 그

외의 책에는 특별한 서지사항이 없다.

(8) 甲辰陶山書院刊本이다. 1904년(광무 8)에 간행된 것이다.

(9) 그외 日本에서 간행된 明曆本(1656년), 寬文本(1671년), 寶永本(1709년), 明治本(1871년) 등이 있다. 대전의 학민출판사에서 영인한 것이 있다. 내용 목록과 두주에 대한 교감기 등에서 대해서는《朱子書節要》〈奎 3540〉본의 해제 참조[10]."

이상의 기록들과 그 내용들을 종합해보면, 퇴계가 자필自筆로 깨끗이 정사한 초고본草稿本이 다름 아닌 이《퇴우이선생진적첩退尤二先生眞蹟帖》에 수록되어 있는 〈회암서절요晦庵書節要 서序〉임을 알 수 있다.《회암서절요晦菴書節要》와《주자서절요朱子書節要》의 명칭에 관하여 현재의 상황을 살펴보면, 이 두 제題가 동일하게 혼용되어 사용되고 있는데 이는 옳지 않다. "이황이 편집할 당시와 황준량黃俊良(1517~1563)이 간행할 때까지는《회암서절요晦菴書節要》[11]라고 하였다" 하고, 퇴계가 문인 이담李湛(1510~1557)에게 보낸 편지〈답이중구答李仲久〉(도 4-1, 4-2)(1563년, 명종 18)를 살펴보면 "세상 사람과 함께 보기 위한 것이 아니라 노경老境의 단핍短乏에 대처하여 성람省覽하기 위해 만들었다. 긴수작처緊酬酌處, 인사말, 평소의 정회情懷를 말한 것, 산수山水를 유완遊玩한 일, 시속時俗을 말한 것 등의 한수작처閒酬酌處를 함께 편집하여 수록하였다. 이는 완독玩讀하고 음미하는 사람이 주희의 풍모를 심신안한心身安閒하고 우유일락優遊逸樂하는 가운데서 직접 보듯이 하고, 그 말의 지취旨趣를 기침하고 담소하는 모습에서 직

▶도 4-1.

▶도 4-2.

접 살펴보듯 하자는 의도이다[12]."라는 기록으로 미루어 퇴계가 직접 편집한《회암서절요晦菴書節要》서書와 선생 사후 그 제자들에 의하여 간행된《주자서절요朱子書節要》서書는 구분되어야 한다. 따라서 마땅히《퇴우이선생진적첩退尤二先生眞蹟帖》에 담겨 있는 퇴계의 친필수고본은 선생이 직접 적어놓으신 대로〈회암서절요晦庵書節要 서序〉라 불리어야 한다.

이제 이〈회암서절요晦庵書節要 서序〉(도 5-1, 도 5-2)[13]의 내용을 살펴보자.

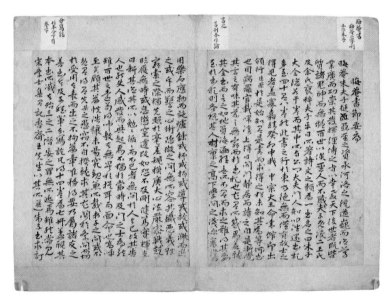

▲도 5-1. 이황李滉,《퇴우이선생진적첩退尤二先生眞蹟帖》 중 〈회암서절요서晦庵書節要序〉, 1746년, 보물 585호, 지본수묵紙本水墨, 각 32.5 x 22.3cm x 2면

▲도 5-2. 이황李滉,《퇴우이선생진적첩退尤二先生眞蹟帖》중〈회암서절요서晦庵
書節要序〉, 1746년, 보물 585호, 지본수묵紙本水墨, 각 32.5 x 22.3cm x 2면

晦菴書節要序

晦菴朱夫子。挺亞聖之資。承河洛之統。道巍而德尊。業廣而
功崇。其發揮經傳之旨。以幸敎天下後世者。旣皆質諸鬼神而
無疑。百世以俟聖人而不惑矣。夫子旣沒。二王氏及余氏。裒粹
夫子平日所著詩文之類。爲一書。名之曰朱子大全。總若干卷。
而其中所與公卿大夫門人知舊往還書札。多至四十有八卷。然
此書之行於東　方。絶無而僅有。故士之得見者蓋寡。嘉靖癸卯
中。我中宗大王。命書館印出頒行。臣滉於是。始知有是書而求
得之。猶未知其爲何等書也。因病罷官。載歸溪上。得日閉門靜
居而讀之。自是。漸覺其言之有味。其義之無窮。而於書札也。

尤有所感焉。蓋就其全書而論之。如地負海涵。雖無所不有。而求之難得其要。至於書札。則各隨其人材稟之高下。學問之淺深。審證而用藥石。應物而施爐錘。或抑或揚。或導或救。或激而進之。或斥而警之。心術隱微之間。無所容其纖惡。義理窮索之際。獨先照於毫差。規模廣大。心法嚴密。戰兢臨履。無時或息。懲窒遷改。如恐不及。剛健篤實輝光。日新其德。其所以勉勉循循而不已者。無間於人與己。故其告人也。能使人感發而興起焉。不獨於當時及門之士爲然。雖百世之遠。苟得聞敎者。無異於提耳而面命也。嗚呼至矣。顧其篇帙浩穰。未易究觀。兼所載弟子之問。或不免有得有失。滉之愚竊不自揆。就求其尤關於學問而切於受用者。表而出之。不拘篇章。惟務得要。乃屬諸友之善書者及子姪 輩。分卷寫訖。凡得十四卷爲七冊。蓋視其本書。所減者殆三之二。僭妄之罪。無所逃焉。雖然。嘗見宋學士集。有記魯齋王先生以其所選朱子書。求訂於北山何先生云。則古人曾已作此事矣。其選其訂。宜精密而可傳。然當時宋公。猶嘆其不得見。況今生於海東數百載之後。又安可蘄見於彼。而不爲之稍加損約。以爲用工之地也哉。或曰。聖經賢傳。誰非實學。又今集註諸說。家傳而人誦者。皆至敎也。子獨拳拳於夫子之書札。抑何所尙之偏而不弘耶。曰。子之言似矣。而猶未也。夫人之爲學。必有所發端興起之處。乃可因是而進也。且天下之英才。不爲不多。讀聖賢之書。誦夫子之說。不爲不勤。而卒無有用力於此學者。無他。未有以發其端而作其心也。今夫書札之言。其一時師友之間。講明旨訣。責勉工程。非同於泛論如彼。

何莫非發人意而作人心也。昔聖人之敎。詩書禮樂皆在。而程朱稱述。乃以論語爲最切於學問者。其意亦猶是也。嗚呼。論語一書。旣足以入道矣。今人之於此。亦但務誦說。而不以求道爲心者。爲利所誘奪也。此書有論語之旨。而無誘奪之害。然則將使學者。感發興起。而從事於眞知實踐者。舍是書何以哉。夫子之言曰。學者之不進。由無入處而不知其味之可嗜。其無入處。由不肯虛心遜志。耐煩理會。使今之讀是書者。苟能虛心遜志。耐煩理會。如夫子之訓。則自然知其入處。得其入處。然後知其味之可嗜。不啻如芻豢之悅口。而所謂大規模嚴心法者。庶可以用力矣。由是而旁通直上。則泝伊洛而達洙泗。無往而不可。向之所云聖經賢傳。果皆爲吾之學矣。豈偏尙此一 書云乎哉。況年薄桑榆。抱病窮山。悼前時之失學。慨餘韻之難理。然而區區發端。實有賴於此書。故不敢以人之指目而自隱。樂以告同志。且以俟後來於無窮云。嘉靖戊午夏四月日(後學眞城李滉) 謹序。

"회암서절요晦庵書節要 서序, 晦菴 朱夫子는 亞聖의 자질로 태어나 河洛의 계통을 이었는데 도는 우뚝하고 덕은 높으며, 공업攻業이 뛰어나고 위대하였다. 또 그가 경전經傳의 지취(뜻)를 발휘하여 천하 후세를 가르친 것은 실로 귀신에게 물어도 의심이 없고 백세에 성인을 기다려도 의혹됨이 없을 것이다. 부자께서 별세한 뒤에 두 왕씨王氏와 여씨余氏가 부자께서 평소에 저술한 시문들을 모아 한 책을 만들고 주자대전朱子大全이라고 이름붙이니 총 약간 권이 되었다. 그중에 공경대부와 문인 및 아는 친구들과 왕복한 서찰이 자그마치 48권에 이르렀다. 그러나 이 책은 우리나라에 유행하는 것이 아주 없거나 겨우 조금 있었을 뿐이므로 얻어 본 선비는 적었다.

嘉靖 계묘년(1543년)에 우리 中宗大王께서 교서관에 명하여 인쇄해서 반포하게 하였다. 이에 신 황온滉은 비로소 이런 책이 있는 줄을 알고 구하여 얻었으나 아직도 그것이 어떤 종류의 책인 줄은 알지 못하였다. 잇따라 병 때문에 관직을 버리고 계상溪上으로 돌아와 날마다 문을 닫고 조용히 거처하며 읽어보았다. 이로부터 점점 그 말에 맛이 있음과 그 뜻이 무궁한 것을 깨달았는데, 그 서찰에 있어서는 더욱 느끼는 바가 있었다. 대체로 그 책 전체를 두고 논한다면 지구가 넓고 바다가 깊은 것과 같이 없는 것이 없으나, 구해 보아도 그 요점을 알기 어렵다. 그러나 서찰에 있어서는 각기 사람들의 재품材稟14)의 고하와 학문의 얕고 깊음에 따라 중세를 살펴 약을 쓰며 사물에 따라 저울로 다는 듯이 알맞게 하였다. 혹은 억제시키거나 앙양시키며 혹은 인도하거나 구원하며 또는 격려하여 진취시키기도 하고 배척하여 경계시키기도 하였다. 그리하여 심술의 은미한 사이에 작은 惡이라도 용납될 수 없게 하였고, 의리를 캐내고 찾을 때에는 조그마한 차이점도 먼저 비춰주었다. 그리하여 그 규모가 광대하고 심법이 엄밀하며, 마치 위험한 낭떠러지에 선 듯, 어린 살얼음을 밟듯 조심하면서 혹시라도 쉬는 때가 없게 하였다. 악을 징계하여 막고 허물 고치기를 미치지 못하는 듯이 두려워하며, 강건하고 독실하여 그 빛이 날마다 덕을 새롭게 하였다. 그

리고 힘쓰고 따르면서 그치지 않는 것은 남과 자신이 간격이 없어야 하는 것이므로 그가 남에게 고해주면 능히 남으로 하여금 감동되어 흥기토록 하였다.

당시 문하에 있던 선비들만 그랬을 뿐 아니라 비록 백세의 먼 훗일이라도 그 가르침을 듣는 자는 귀에 대고 말하며 직접 대해 명하는 것과 다름이 없으니, 아! 지극하도다. 그런데 돌아보면 책의 규모가 광대하여 다 살펴보기가 쉽지 않고 등제된 제자들의 문답에도 혹 득실이 있음을 면치 못하였다. 이에 나 황의 어리석음으로 스스로를 헤아리지 못하고, 그중에서 더욱 학문에 관계되고 쓰임에 절실한 것을 찾아 표시하였는데 편篇이나 장章에 구애되지 않고 오직 요점을 얻기에 힘썼다. 마침내 여러 벗 중에서 글씨를 잘 쓰는 자와 자질들에게 부탁하여 책을 나누어 필사하게 하였다. 이를 마치니 모두 14권 7책이 되었는데 본래의 책에 비교하여 감해진 것이 거의 3분의 2나 되었으니 외람되고 망령된 죄는 피할 수 없을 것이다.

그러나 일찍이 송학사집宋學士集을 보니 그 기록에 "노재魯齋[15] 왕선생王先生이 그가 뽑은 주자의 글을 가지고 북산北山 하선생河先生에게 교정을 구하였다"고 하였다. 그렇다면 옛사람이 벌써 이 일을 했던 것이며, 그 뽑고 교정한 것이 정밀하여 전해질만 한 것인데도 당시의 송공도 얻어 볼 수 없음을 오히려 한탄하였다. 더구나 지금 이 나라에서 수백 년 뒤에 태어났는데도 어찌 그것을 구해보고 좀 더 간략하게해서 공부하도록 하지 않을 수 있겠는가? 혹자가 말하기를 "聖經과 賢傳은 어느 것인들 실학이 아니겠는가? 또한 지금 여러 집주集註의 학설로서 집집마다 전하고 사람마다 읽는 것이 모두 지극한 가르침이다. 그런데 그대 홀로 부자의 서찰에만 알뜰하니 어찌 그 숭상하는 바가 한쪽에 치우치고 넓지 못한가?" 하였다. 나는 대답하였다. 자네가 말이 그럴듯하나 그렇지 않다. 대체로 사람이 학문을 함에는 단서를 발견하고 흥기되는 곳이 있어야만 이로 인해 진보될 수 있는 것이다. 또한 천하의 영재가 적지 않으며, 성현의 글을 읽고 부자의 학설을 외우기에 힘쓰지 않는 것은 아니다. 그러나 마침내 이러한 학문에 힘쓰는 자가 없으니 이는 다름이 아니라 그 단서를 발견하여 그 마음을 진작시키는 일이 없기 때문이다. 지금 이 서찰에 있는 말은 그 당시의 사우들 사이에 좋은 비결을 강론하여 밝히고 공부에 힘쓸 것을 요구하는 것이었다. 그러니 저들과 같이 범연하게 논한 것과는 다르고 어느 것이나 사람의 뜻을 발견하고 사람의 마음을 진작시키지 않는 것이 없다.

옛날 성인의 가르침에 예禮·악樂·시詩·서書가 모두 있다. 그런데 정자程子[16]와 주자는 이를 칭송하고 기술함에 있어 마침내 논어論語를 가장 학문에 절실한 것으로 삼았으니 그 뜻은 역시 이 때문이었다. 아! 논어 한 가지의 한 책으로도 도道에 들어갈 수 있다. 지금 사람들은 여기에 있어 학설을 외우고 (입으로만) 떠들기에 힘쓸 뿐 도道(를) 구하기에 마음을 쓰지 않으니 이것은 이익의 꾐에 빠진 때문이다. 그런데 이 글에는 논어의 뜻은 있지만 꾐에 빠지는 해독은 없다. 그렇다면 앞으로 배우는 자로 하여금 느끼고 흥기되게 하여, 참으로 알고 실천하도록 하는 데는 이 글을 버리고 어떻게 할 것인가? 부자의 말씀에 이르기를 "학자가 진보되지 못하는 것은 들어갈 곳이 없어 그 맛을 즐길만한 것임을 알지 못하기 때문이다." 라고 하였다. 들어갈 곳이 없다는 때문이다. 지금 이 글을 읽는 자로 하여금 진실로 마음을 비우고 뜻을 겸손하게 하며 번거로움을 참고 깨달으려고 하지 않기 때문이다. 지금 이 글을 읽는 자로 하여금 진실로 마음을 비우고 뜻을 겸손하게 하며 번거로움을 견디고 깨닫게 하기를 부자의 가르침처럼 한다면 자연히 들어갈 곳을 알게 될 것이다. 그 들어갈 곳을 얻게 된 뒤이면 그 맛의 즐길만한 것임을 아는 것이 맛난 음식이 입을 기쁘게 하는 것과 같을 뿐만 아닐 것이다. 또 이른바 규모를 크게 하고 심법을 엄하게 하는 것에도 거의 힘쓸 수 있을 것이다. 이로 말미암아 널리 통하여 곧바로 올라간다면 이락(伊洛)[17]에 소급되고 수사(洙泗)[18]에 달하게 되어 어디로 가나 불가함이 없게 될 것이다. 그렇다면 아까 말한 성경과 현전이 사실은 모두 우리의 학문인 것이다. 어찌 이 한 책만을 치우치게 숭상한다 할 수 있겠는가? 황은 나이 늙었고 병들어 궁벽한 산중에 있으면서 전에 배우지 못한 것을 슬퍼하고 성인의 여운을 깨닫기 어려움을 개탄하였다. 그런데 구구하게 단서를 발견하였던 것은 실로 이 글에 힘입었음이 있었다. 그래서 감히 남이 지목하는데도 숨기지 못하고 즐거이 동지들에게 고하며 또한 무궁한 후세에 공론을 기다린다.

가정(嘉靖) 무오년(戊午年)(1558년) 4월에 (후학 진성 이황) 삼가 씀[19]"

이상에서 알 수 있듯 이《퇴우이선생진적첩退尤二先生眞蹟帖》에는 고려말高麗末 성리학이 처음 유입되었던 때를 시작으로 주자학이라는 조선성리학을 집대성하고 학문적으로 완성시킨 퇴계 이황 선생의 오롯한 철학哲學과 혼魂이 담겨 있는 그 무엇과도 바꿀 수 없는 우리의 소중한 정신적 유산이라 할 수 있다[20].

2. 우암尤庵 송시열宋時烈(1607~1689) 발문 2편

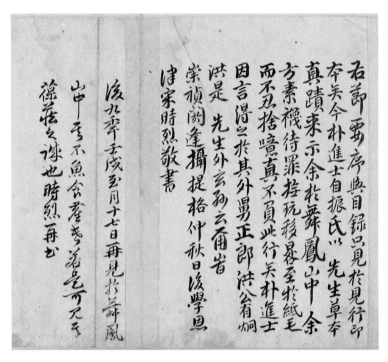

▲도 6. 송시열宋時烈, 〈우암尤庵 송시열 발문 2편〉,《퇴우이선생진적첩退尤二先生眞蹟帖》중, 1746년, 보물 585호, 지본수묵紙本水墨, 각 32.5 x 22.3cm x 2면

이 논고의《퇴우이선생진적첩退尤二先生眞蹟帖》의 내력 편에서 언급한 대로, 정만수 부기발문附記跋文의 내용을 살펴보면, 퇴계가 무오년戊午年(1558년) 그의 나이 58세 시에 친서한 수고본〈회암서절요晦庵書節要 서序〉를 선생의 장손인 몽재蒙齋 이안도李安道(1541~1584)가 소장하고 있었고, 이안도는 이 할아버지의 묵보墨寶를 외손자인 정랑正郞 홍유형洪有炯에게 전하여주었다. 홍유형은 다시 이 묵보를 자신의 사위인 박자진朴自振(1625~1694)에게 물려주었는데, 박자진이 바로 겸재謙齋 정선鄭敾(1676~1759)의 외조부이다. 겸재의 외조부인 박자진은 이 퇴계의 친필〈회암서절요 서〉 수고본手稿本을 당대의 대학자인 우암尤庵 송시열宋時烈(1607~1689)에게 숭정갑인년崇禎甲寅年(1674년)과 임술년壬戌年(1683년) 9년의 시차를 두고 두 번씩이나 찾아가 발문을 받았는데 이것이 바로 그 우암尤庵의 친필발문(도 6)인 것이다. 발문의 내용은 다음과 같다.

右節要序與目錄, 只見於見行印本矣, 今朴進士自振氏, 以先生草眞蹟, 來示余於舞鳳山中。余 方素襪待罪, 撫玩移晷, 至於紙毛, 而不忍捨, 噫眞不負此行矣。朴進士 因言得之於其外舅正郞洪公有炯, 洪是先生外玄孫云爾。

時崇禎閼逢攝提格仲秋日 後學 恩津宋時烈 敬書。

"이 절요서와 목록을 영인본으로만 보아오다 지금 박진사 자진씨가 퇴계선생절요서 초본 진적을 내가 머고 있는 무봉산 중으로 가지고 와 보이니, 내 소말대죄하고 있는 중에 뜻밖에 선생의 초본을 보게 되니 만져보고 또 조심스럽게 만져보고 보고 또 보고 하루 해가 다 기울었는데도 만지고 또 만져 종이가 부풀어 종이 털이 일어나도록 보아도 차마 손에서 놓지 못하네. 참 좋다. 내 무봉에 오기를 잘했네. 박진사 말을 들어보니 박진사의 외숙인 정랑 벼슬을 한 홍유형 씨로부터 (이 진적을) 얻었으며, 홍정랑 유형 씨는 퇴도(퇴계) 선생의 외현손이 된다 한다.

숭정알봉[21] 섭제격[22](갑인 1674년) 중추일 후학 은진송 시열 경서"

後九年壬戌至月十七日, 再見於舞鳳山中, 其不魚食塵昏若是, 可見其葆藏之誠也。

時烈再書。

"9년 뒤 임술(1683년) 지월 7일 이곳 무봉산 중에서 다시 또 보았으나 좀 먹은 곳이 없이 깨끗하니 박진사 보장(보관)의 지극 정성스러움에 놀랐도다.
시열 재서"

1) 성균관대학교 대동문화연구원 간 《퇴계전서退溪全書 下》(동국문화사, 1958), p. 582.
국제퇴계학회 간 《퇴계선생과 도산서원》(한국출판사, 1991), p. 37.
장기근 해석, 《퇴계집》(홍신문화사, 2003), p. 459.
장기근 역저, 《퇴계집》(명문당, 2003), pp. 703~704. 등등.
민태식의 논문 "퇴계退溪의 회암서절요晦庵書節要와 일본의 근대문교에 끼친 영향-퇴계退溪의 친필親筆 회암서절요 晦庵書節要 서문序文 친필초고본親筆草稿本을 얻고서"에 의하면 대조하여 살펴본 〈퇴계연보退溪年譜〉의 퇴계 56세조 상단에 "謹按先生所著節要 末段年月, 序文之成在戊午夏四月"이라 부기附記되어 있다 하셨는데 현행 책들에 수록된 연보에는 이러한 언급이 전혀 없다. 원본에 대한 부가설명이 되어 있지 않아 원전이 어떤 것인지 알 수 없으나 이에 대한 시정이 필요하다 생각된다.

2) 민태식, "퇴계退溪의 회암서절요晦庵書節要와 일본의 근대문교에 끼친 영향-퇴계退溪의 친필親筆 회암서절요晦庵書節要 서문序文 친필초고본親筆草稿本을 얻고서", 《중국학보 9권》(한국중국학회, 1968), pp. 47~48.
원 논고의 부분에 오타가 있다. (㉮ 戊午 明宗十三年(1556), p. 47→(1558); ㉯ 3년 뒤→2년 뒤, p. 47)

3) 이황 편 《주자서절요朱子書節要》(전주부全州府, 1611)─국회도서관 자료
퇴계학연구원 편 《국역 주자서절요朱子書節要 1》(심산문화사, 2001), p. 13; p. 二 참조.

4) 비단을 발라 만든 조그마한 상자. 책을 넣어두는 상자.

5) 합하여 도모하다.

6) 민태식 동 논고와 퇴계학연구원 편 《국역 주자서절요朱子書節要 1》(심산문화사, 2001), p. 5; p. 二 참조.

7) 서울대 규장각奎章閣 《주자서절요朱子書節要》해제를 살펴보니, 유탁일, "《주자서절요朱子書節要》의 편찬간행과 그 후향(1998)", 《국역 주자서절요朱子書節要 1》(퇴계학연구원, 2001), pp. v~xxii 논고를 정리해놓은 것으로 보인다. 이 유탁일의 논고는 《주자서절요朱子書節要》의 편찬간행에 관한 매우 상세한 설명을 해놓았으나 각주(17)에서 미미한 실수가 보인다. "1558년 퇴계가 쓴 자필수고 서문이 발견되었다." 하고 그 근거로 고봉의 부기(후식) 부분을 들었으나, 엄밀히 말하면 이는 옳지 않다. 고봉 부기(후식)와 무엇보다 모암문고 소장 《퇴우이선생진적첩退尤二先生眞蹟帖》 내 〈회암서절요晦庵書節要 서序〉를 들었어야 옳다.; 서울대 규장각 주해는 이 논고를 정리하다가 이 부분에서 미미한 잘못된 설명이 눈에 띄는데, 이 논고 각주 (34)를 참조하기 바란다.

8) 깎아 없애다.

9) 설명이 상세히 잘 정리되어 있으나 이 부분은 설명에 잘못이 있다. 퇴계의 친필수고본(자필초고본)이 1558년(무오)에 발견된 것이 아니라 이 해는 퇴계가 이 서를 지은 시기라야 옳다. 고봉의 발문 내용대로 퇴계 사후(1570년) 이 초고본이 발견되어 이후 간행된 《주자서절요朱子書節要》에 서문이 실리게 되었다 함이 정확하다.

10) 서울대학교 규장각, 《주자서절요朱子書節要》해제 편 참조.

11) 이우성 편《도산서원陶山書院》(한길사, 2001), pp. 62~63 도판 참조.

12) 퇴계학연구원 편《국역 주자서절요朱子書節要 1》(심산문화사, 2001), p. viii, xii; p. 五 참조.
이 책(1~4권)에는 이외에도 황준량 발문, 기대승 발문 등 많은 자료들이 실려 있으니 꼭 참조하기 바란다.

13) 민태식의 동同 논문에 의하면 퇴계의 친필수고본인〈회암서절요晦庵書節要 서序〉와 사후 간행된〈주자서절요朱子書節要 서序〉를 비교하며 살펴보니, 13곳에서 미미한 차이가 보이나 전반적인 내용은 같다 하였다. 이 차이가 보이는 부분을 상세히 기록한 것이 수고본 상단의 덧붙은 부분으로 이는 앞서 언급한 대로 민태식의 친필소서이다. 참조하여 보기 바란다.

14) 재주와 품성.

15) 宋나라 王栢의 호. 자는 회지會之이며 저서에 독역기讀易記 등 다수가 있다. 宋史 438권.

16) 중국 송나라의 유학자 정호程顥와 정이程頤 형제를 높여 이르는 말.

17) 두 선생 정자程子가 이수伊水와 낙수 洛水에서 학문을 강론하였다. 낙수는 정자의 고향으로 알려져 있다.

18) 산동성山東省에 있는 수수洙水와 사수泗水를 일컫는 것으로 이곳에서 공자가 도道를 강론하였다 전한다.

19) 퇴계학연구원 편《국역 주자서절요朱子書節要 1》(심산문화사, 2001), p. 1~6; pp. 一~ 二 참조.
김시황·윤무학 편,《퇴계학논총 제10권》'주자서절요서'(장순범 역)
위 글을 참조하였고《퇴계학논총 제10권》내 오자를 바로잡고(위 논문 각주 (5) '落水'를 '洛水'로) 글의 부분을 수정하여 실었다.
이 원문과 달리 제자들에 의하여 선생 사후에 간행된《주자서절요朱子書節要 서序》에는 "가정嘉靖 무오년戊午年(1558년) 4월에 '후학 진성 이황' 삼가 씀"이라 쓰여 있다.

20) 두 웨이밍(杜維明, 하버드대학교 동양철학과 교수), "주자의 이철학에 대한 퇴계의 독창적 해석"《도산서원陶山書院》(한길사, 2001), pp. 178~191.

21) 알봉閼逢, 고갑자 십간十干의 첫째 갑甲.

22) 섭제격攝提格, 고갑자 십간十干 중 인寅.

04

겸재謙齋 정선鄭敾(1676~1759)의 기록화와 발문

1. 기록화

(1) 〈계상정거溪上靜居〉

▲도 7. 정선鄭敾,《퇴우이선생진적첩退尤二先生眞蹟帖》중〈계상정거溪上靜居〉, 1746년, 보물 585호, 지본수묵紙本水墨, 각 32.5 x 22.3cm x 2면

이 논고 앞부분에서 언급했듯 〈계상정거溪上靜居〉(도 7)는 겸재 謙齋 71세 시 숭정병인년崇禎丙寅年(1746)에 《퇴우이선생진적첩退 尤二先生眞蹟帖》에 그려 넣으신 네 폭의 진경에 바탕을 둔 산수화 중 한 폭으로 현재 통용되고 있는 대한민국 1000원 권 화폐 뒷면의 도안으로 사용되고 있다.

진적첩眞蹟帖 총 16면(앞뒤 표지 포함) 중 2~3면에 걸쳐 그려져 있는 작품으로 이루어져 있으며 퇴계가 〈회암서절요晦庵書節要 서 序〉를 짓고 있는 모습을 진경산수화의 연원을 열고 완성했던 화성 의 필력으로 화첩의 두 면에 꽉 찬 구도로 그려냈다. 그림의 구도와 구성을 퇴계가 그의 저술 《도산기陶山記》[1]에 남긴 기록들을 살펴 보며 비교하여 보자.

"영지산 한 가닥이 동으로 뻗어 도산이 되었는데, 어떤 사람은 "이 산이 두 번(째로) 이루어졌으므로 도산이 되었다." 하고 어떤 사람은 "이 산속에 예전에 도자기 가마가 있었으므로 그러한 사실로 도산이 라 한다." 하였다. 산이 그렇게 높고 크지 않으며 그 골짜기가 훵하게 비었고 지세가 뛰어나고 위치가 편벽되지 않으니 그 옆의 봉우리와 계곡들이 모두 손잡고 절하면서 이 산을 둘러 안은 것 같다[2]." 하였 고, 또 그 산세를 설명하였는데 기록을 보면 다음과 같다.

"산의 왼쪽 산을 동취병이라 하고 오른쪽 산을 서취병이라 한다. 동취병은 청량산에서 나와 산 북쪽에 이르러서 벌려선 산들이 아련히 보이고 서병은 영지산에서 나와 산 서쪽에 이르러 봉우리들이 우뚝우뚝 높이 솟았다. 이 두 병이 서로 바라보며 남쪽으로 구불구불 내려가서 8~9리쯤 가다가 동병은 서로 달리고 서병은 동으로 달려 남쪽의 넓은 들판의 아득한 밖에서 합하였다[3]." 하였다.

　그림을 찬찬히 보니 과연 퇴계의 설명대로 동취병, 서취병이 마주 바라보며 남쪽의 낙천洛川(낙동강)으로 아득하게 합하여 짐을 볼 수 있다. 다시 퇴계가 이 지역의 물水과 탁영담濯纓潭, 천연대天然臺, 반타석盤陀石, 천광운영대天光雲影臺에 관하여 설명한 기록을 살펴보자.

　"산 뒤에 있는 물을 퇴계退溪라 하고 산 남南에 있는 물을 낙천洛川(낙동강)이라 한다. 퇴계는 산 북쪽을 따라 낙천으로 들어가서 산 동쪽으로 흐르고 낙천은 동병에서 나와 서쪽 산기슭 아래에 이르러 넓고 깊게 고여서 몇 리를 거슬러 올라가면 깊이가 배를 띄울 만한데 금 같은 모래와 옥 같은 조약돌이 맑게 빛나며 검푸르고 차디찬 중담이 이른바 탁영담濯纓潭이다. (중략) 여기서(곡구암谷口巖) 동으로 몇 걸음 나가면 산기슭이 끊어지고 탁영담이 가로 놓여 있는데 그 위에 큰 돌을 깎아 세운 듯 서서 여러 층으로 포개진 것이 십여 길이 되는데 그 위를 쌓아 대臺를 만드니 우거진 솔은 해를 가리며 위로는 하늘과 밑으로 물에서 새와 고기가 날고뛰며 좌우의 푸른 병풍처럼 둘러싸인 산이 물에 비쳐 그림자가 흔들거려 강산의 아름다운 경치를 한눈에 모두 볼 수 있으니 천연대天然臺

라 한다. 그 서쪽 기슭에 또한 대를 쌓아서 천광운영대天光雲影臺라 하니 그 경치가 천연대天然臺에 못지않았다. 반타석盤陀石은 탁영담 가운데 있다. 그 모양이 편편하여 배를 매고 술잔을 전할 만하며 매양 큰 홍수 때에는 물속에 잠기었다가 물이 빠지고 맑은 뒤에야 비로소 나타난다[4]." 하였다.

  다시 한 번 이 퇴계의 기록들을 떠올리며 이 그림을 찬찬히 완상玩賞하여 보기 바란다. 어느 곳 하나 퇴계의 설명과 겸재의 그림이 부합되지 않는 곳이 없다. 확실히 겸재는 도산서원을 수차례 방문하여 실사하였을 것이고 또한 퇴계의 이《도산기陶山記》의 내용을 정확히 알고 이 그림을 그렸던 것이다. 겸재의 나이 58~64세 시(1734~1740)에 경상북도 하양현감河陽縣監과 청하현감淸河縣監을 지냈던 그가 퇴계 선생이 그의 서재에서 〈회암서절요晦庵書節要서序〉를 짓는 모습을 그리는 것이 진경산수의 화성인 겸재에게 그리 어려운 일은 아니었을 것이다. 그야말로 겸재 71세 시의 완숙한 필치로 거침없이 그렸으나 어느 한 곳의 미흡한 곳을 찾아볼 수 없다. 그림에 관한 이론理論과 실기實技를 겸하고, 퇴계 선생의 말씀처럼 도道에 이른 경지가 아니고는 이런 그림을 그릴 수 없다.

  이러한 이〈계상정거溪上靜居〉도圖에 관한 잡음雜音이 들리고 있다. 하나는 그림 내內 서당의 이름(명칭)에 관한 잡음이다. 하지만 이 논란은 사실 무의미하다. 필자가《도산기陶山記》와 〈퇴계연보〉의 기록들을 살펴보니,

"계상은 지나치게 한적하여 회포를 시원히 함에는 적당하지 않아 산 남쪽(도산)에 땅을 얻었다. (중략) 정사년(1557년)에서 신유년(1561년)까지 5년 만에 당사 두 채가 되어 거처할만하였다.

당은 세 칸인데 가운데 한 칸은 완락재玩樂齋니 주선생의 명당실기에 "완상하여 즐기니 족히 평생토록 지내도 싫지 않겠다."라고 하는 말에서 따온 것이고 동쪽 한 칸은 암서헌岩栖軒이라 하였으니 주선생의 운곡시에 "자신은 오래도록 가지지 못했으나 바위틈에 깃들어 조그만 효험이라도 바란다."는 말을 따온 것이다. 또 합하여 도산서당陶山書堂이라 현판을 달았다. 정사는 모두 여덟 칸의 시습재時習齋, 지숙료止宿寮, 관란헌觀瀾軒이니 합쳐서 농운정사隴雲精舍라고 현판을 달았다."[5] 라 기록되어 있다.

세간에 "정사년(1557년)에서 신유년(1561년)까지 5년 만에 당사 두 채가 되어 거처할만하였다."라는 기록으로 도산서당이 1561년 완성되었다 하여, "퇴계가 무오년(1558년) 〈회암서절요晦庵書節要 서序〉를 짓고 있는 〈계상정거〉도 내의 정경은 위 기록으로 말미암아 도산서당의 정경이 아니라 계상서당의 정경이 아닌가?"라는 의문을 제기했다. 앞에서 언급했듯 이 논란은 사실 의미가 없다. '도산서당'이나 '계상서당' 두 곳 중의 한 곳이면 어떠한가? 퇴계 선생의 고고한 정신세계와 모습이 화성 겸재의 완숙한 필치로 구현되어 있는 점이 더욱 중요한 것이 아닌가? 어쨌든 이러한 의문에 답을 퇴계 선생의 어투를 빌려 답하겠다. 그대의 말이 그럴듯하나 사실은 그렇지 않다. 앞서 밝힌《도산기陶山記》의 기록에 "정사년에서 기유년 5년 만에 당사 두 채가 지어졌다." 하였다. 대저 이 당사 두 채의 의미는 완락재와 암서헌 두 칸으로 이루어진 작은 퇴계의 거처와 모두 여덟 칸으로 이루어진 시습재時習齋, 지숙료止宿寮, 관란헌觀瀾軒을 합한 농운정사隴雲精舍(교육과 제자들을 위한 건물)를 이름이다. 공사가 정사년(1557년)에 시작되었고〈회암서절요晦庵書節要 서序〉가 무오년(1558년)에 씌어졌으니 1년 이상의 간격이 있다. 이 기간 안에 두 칸 작은 건물의 신축이 충분히 가능하였을 것이라 생각된다. 퇴계의 거처인 완락재가 먼저 지어졌다는 사실은《퇴계집》내의〈언행록 중 이덕홍의 기록〉에서 알 수 있다.[6]

그리고 또 그림을 살펴보면,〈계상정거〉도 좌측 상단에 두 개의 건물이 아련하게 보인다. 표암 강세황이 그렸다는〈도산서원도〉(보물 522호)와 비교하여 보니 왼편의 건물은 농암聾巖 이현보(李賢輔)(1467~1555) 선생의 신위神位를 봉안奉安하고 있는 사당이 속해 있는 분강서원汾江書院[7]이고 오른쪽의 작은 건물은 농암 이현보가 하루하루 늙어 가시는 아버님을 아쉬워하며 "하루하루를 아낀다."는 의미로 지었다는 애일당愛日堂[8]이다. 분강서원은 무오년(1558년) 당시 존재하지 않았고 광해군 4~5년(1612년 혹은 1613년) 향현사鄕賢祠라 창건되었고 숙종 26년(1700년)에 서원으로 개편되었다 전하므로 이 또한 이 정경이 계상서당(계상초옥)이 아님을 보여주는 것이다. 또 퇴계 자신의 기록을 보면, "처음 내가 계상에 자리를 잡고 시내 옆에 두어 칸의 초가집을 얽어 책을 간직하고 옹

졸한 성품을 기르는 처소로 삼았었는데 (중략)"⁹⁾ 계상서당은 초가
집이었다는 것을 알 수 있다. 그러하니 이것은 그렇지 않다. 더 많
은 이유들을 찾을 수 있겠으나 이상의 설명으로도 어느 정도 이 정
경이 도산서당의 모습을 그린 것임을 보여준다 할 수 있다. 또 다른
각도로 비추어 보면, 무오년(1558년)에 도산서당이 지어지지 않았었
다 가정해보자. 겸재가 이 그림을 그린 때가 1746년으로 거의 200
년의 시간이 흐른 뒤이고 당시는 완전한 도산서원의 모습을 갖추었
을 때이다. 이 정경이 아무리 무오년(1558) 당시의 정경을 묘사한
것이라 하나 겸재는 우리가 잘 알고 있듯 진경산수(실경산수)의 창
시자이자 완성자이다. 이러한 그가 어찌 본적도 없고 볼 수도 없었
던 계상서당의 모습을 상상하여 그릴 수 있었다는 말인가? 완락재
에서 자신의 소박한 서기書几(독서대)를 앞에 놓고 엄숙하고 단아
한 모습으로〈회암서절요 서〉를 짓고 계시는 모습을 상상하여 그려
넣은 것만으로도 진경산수의 대가였던 겸재로서는 대단한 일이라
할 수 있다. (첩 내의〈무봉산중〉도 역시 마찬가지라 할 수 있다.)
이것이 필자가 이 그림들을 진경산수(실경산수)에 근간을 둔 기록
화라 명하였던 이유이다. 이러한 점으로 보더라도 이〈계상정거〉도
내의 퇴계가 거처하고 있는 건물은 계상서당이 될 수 없다. 겸재도
이러한 여러 상황들을 인식 했었던 듯 화제를 '계상정거溪上靜居'
라 하였다. 이 '계상'의 의미는 '계당'과 '도산'을 모두 아우를 수 있는
'계상(물위, 물가)' 쯤으로 생각하여도 큰 무리가 없을 것이라 생각
된다.

또 하나의 잡음은 사실 일고一考의 가치조차 없는 광견폐狂犬 吠라는 표현으로밖에 설명할 수 없다. 한 인사가 《퇴우이선생진적 첩退尤二先生眞蹟帖》내內의 겸재의 4폭 진경산수 기록화를 임본 위작이라 주장했다 한다. 주장의 근거가 무엇인가 살펴보니 주장의 근거나 논거를 찾아볼 수 없고 참 허접하기 이를 데 없다. 먼저 이 《퇴우이선생진적첩退尤二先生眞蹟帖》이 어떻게 구성되었으며 어떠한 가전내력이 있는지 전혀 모르고 있다. 임본위작이라 했는 데, 만일 그렇다면 이 첩의 꾸며진 상태로 보아 원본그림들을 이 첩 에서 떼어내고 임본위작 그림들로 바꾸어 첩 안에 집어넣었어야 한 다. 하지만 이 진적첩은 본 논고의 앞부분《퇴우이선생진적첩退尤 二先生眞蹟帖》의 구성 편에서 밝혔듯 아무런 수리나 변형된 흔적 이 없는 원본 본연의 상태를 간직하고 있다.[10]

또한 이 진적첩眞蹟帖 내의〈계상정거溪上靜居〉도 상단, 그리고 좌우 배접(mount)된 부분을 살펴보면 겸재의 본本 그림의 붓 선이 배접된 부분에까지 그려져 있는 부분을 볼 수 있다. 특히 좌측의 배접된 부분의 그림은 겸재가 의도적으로 낙천(낙동강)의 물줄기를 온전히 표현하였다. 이러한 부분이〈계상정거溪上靜居〉도뿐 아니 라 다른 모든 그림〈무봉산중舞鳳山中과 풍계유택楓溪遺宅〉도 첩 의 10~11면, 그리고〈인곡정사仁谷精舍와 사천槎川(사로槎老) 이병 연李秉淵(1671~1751)의 제시題詩〉가 위치하고 있는 첩의 12~13면 에서 보여 지고 있다(도 7, 도 8, 도 9 참조). 이러한 점들은 겸재와 겸재 차자 만수가 이 첩을 미리 꾸몄었고 그 원본첩 위에 겸재가 그림을 그렸다는 점을 더욱 견고히 입증한다 할 수 있다.

　진적첩 내의 배접된 면들은 진적첩 총 16면 중(앞뒤 표지 포함) 10면에 나타나는데 이는 퇴계 선생의 4면에 걸친 친필수고본親筆 手稿本〈회암서절요晦庵書節要 서序〉와 두 면의 우암 선생의 발문을 꾸며 붙이는 데 따른 것이다. (우암의 발문 옆에 위치한 정만수의 부기는 원본 면에 적혀 있다.) 첩의 2~3면에 걸친〈계상정거溪上靜居〉도와 10~11면의〈무봉산중舞鳳山中과 풍계유택楓溪遺宅〉도 부분까지 배접이 되어 있는 이유는 각 뒷면과 앞면의 장의 가장자리만 풀(접착제)을 발라 배접을 하게 되면 앞뒷면 힘의 불균형으로 종이의 상태가 변형되게 된다.[11] 이러한 점을 막기 위하여 각 앞면들과 뒷면의 가장자리 부분도 배접을 한 것이다. 다음 뒷면들에 위치한〈인곡정사와 사로(사천)의 제시〉그리고 다음 장의 두 면은 배접이 되어 있지 않다(도 9, 도 10 참조).

　이상에서 살펴본 것과 같이 이 진적첩 내의 겸재의 진경산수 그림들이 임본위작이라는 주장은 한낱 광견폐성狂犬吠聲에 지나지 않는다.

　그가 이 첩 내의 산수화들과 비교하여 보라고 제시한 여러 그림들도 제대로 된 것이 하나도 없다. 겸재의 그림은 진경眞景(실경實景)에 바탕을 두고 있으므로 장소의 때와 정경, 또 겸재의 연배에 따라 그 필치나 구도, 표현양식이 다를 수밖에 없다. 그런데 이 인

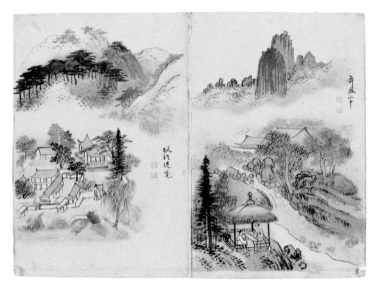

▲도 8. 정선鄭敾,《퇴우이선생진적첩退尤二先生眞蹟帖》중〈무봉산중舞鳳山中 (右),
풍계유택楓溪遺宅 (左)〉, 1746년, 보물 585호, 지본수묵紙本水墨, 각 32.5 x 22.3cm

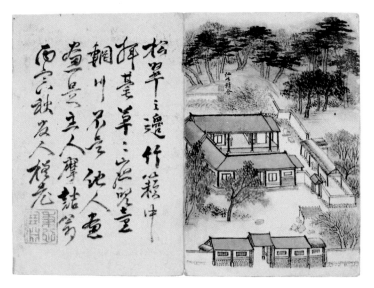

▲도 9. 정선鄭敾, 이병연李秉淵,《퇴우이선생진적첩退尤二先生眞蹟帖》중
〈인곡정사仁谷精舍 (右), 이병연李秉淵 제시 (左)〉, 1746년, 보물 585호,
지본수묵紙本水墨, 각 32.5 x 22.3cm

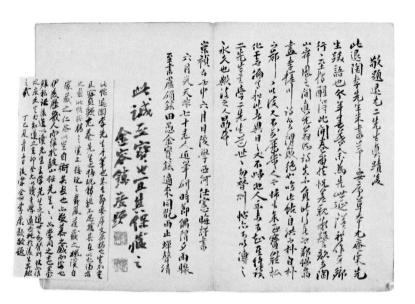

▲도 10. 임헌회任憲晦 (1811~1876), 김용진金容鎭 (1878~1968), 이강호李康灝
(1899~1980),《퇴우이선생진적첩退尤二先生眞蹟帖》중〈임헌회任憲晦 발문 (右),
김용진金容鎭 발문 (左), 이강호李康灝 발문(별지)〉, 1746년, 보물 585호,
지본수묵紙本水墨, 각 32.5 x 22.3cm

사는 이러한 점들을 전혀 고려치 않았다. 전혀 기본이 안 된 자라
고밖에 할 수 없다. 이 인사가 제시한 그림들과《퇴우이선생진적첩
退尤二先生眞蹟帖》내의 겸재의 4폭 진경산수화들을 비교해보라.
어찌 이런 완숙한 필치와 구도의 겸재 만년의 작품들을 이 인사처
럼 수준이 낮다 할 수 있겠는가? 게다가 진적첩 내의 퇴계의 친필수
고본〈회암서절요晦庵書節要 서序〉, 우암의 두 번에 걸친 발문, 사
로(사천) 이병연의 제시 등에 관한 아무런 언급도 없다. 오직 정만
수의 발문에 관하여 짧게 언급하며 또 이 발문은 진작이라 한다.
이 논고를 처음부터 끝까지 찬찬히 읽어 보고《퇴우이선생진적첩退
尤二先生眞蹟帖》의 가치와 의미를 되새겨 보기를 바란다. 이 퇴

게 선생의 친필수고본 〈회암서절요晦庵書節要 서序〉와 우암의 두 번에 걸친 발문만으로도 보물寶物이 아니라 국보國寶로 지정될만한 가치를 지니고 있다.

필자는 이러한 일련의 작태를 보며, 두 고사성어가 떠올라 머릿속에서 맴돌며 떠나지를 않았다. 이 두 성어로 작태를 평한다.

"와부뇌명瓦釜雷鳴"[12)
"일광견폐형백견폐성一狂犬吠形百犬吠聲"[13)

한 가지 더. 필자는 이전 저서와 많은 다른 글들을 통하여 올바르고 정확한 감정을 하기 위해서는 서도書道의 수준이 경지에 이르러야 한다는 점을 여러 차례 강조했었다. 이 인사의 저서《진상眞相》에 자신의 표제 '진상'과 이 인사의 스승에게 바친다는 글을 넣어 놓았는데 그 수준이 자신이 보기에도 민망해할 정도의 수준이다. 이 정도의 수준으로《퇴우이선생진적첩退尤二先生眞蹟帖》내의 겸재의 화제畵題 글들이나 아니 정만수의 책 표제 글이나 발문 글과 비슷하게라도 쓸 수 있겠는가? 이런 수준 이하의 평할만한 가치도 갖추지 못한 글들을 책의 표제와 스승께 바치는 글로 사용하고 책에 싣다니, 다른 점은 몰라도 이 분의 만용과 무모함, 그리고 그 뻔뻔함은 그 평가를 해줄만하다 할 수 있다. 이러한 수준의 안목으로 평해진 이 책의 제목을《眞相》이 아닌 우리가 흔히 말하는 '진상이다 혹은 진상을 떤다.'는 의미의《진상》이나《광견폐서狂犬

狀書》라 칭함은 어떨지 모르겠다.

(2) 〈무봉산중舞鳳山中〉

〈무봉산중舞鳳山中〉(도 11)은 겸재謙齋 71세 시 숭정병인년崇禎丙寅年(1746)에 《퇴우이선생진적첩退尤二先生眞蹟帖》에 그려넣으신 네 폭의 진경에 바탕을 둔 산수화 중 한 폭으로, 진적첩蹟帖 총 16면(앞뒤 표지 포함) 중 10면에 그려져 있는 작품이다.

이 그림은 앞에서 설명한 바대로 퇴계의 친필 〈회암서절요 서〉수고본手稿本을 자신의 장인 정랑正郎 홍유형洪有炯에게 전하여 받은 겸재의 외조부 박자진朴自振(1625~1694)은 이 퇴계의 친필 〈회암서절요 서〉수고본手稿本을 가지고 당대의 대학자인 우암尤庵 송시열宋時烈(1607~1689)을 두 번 찾아가 뵙고 그에게 숭정갑인년崇禎甲寅年(1674년)과 壬戌年(1683년) 9년의 시차를 두고 발문을 받게 된다. 당시 우암은 효종이 급서한 후 자의대비慈懿大妃의 복상服喪 문제를 둘러싼 제1차 예송禮訟 승리 후 다시 1674년 효종비 인선왕후仁宣王后가 죽자 자의대비의 복상문제가 제기되어 제2차 예송이 일어나게 되었는데 대공설大功說[14]을 주장했으나 기년설을 내세운 남인에게 패배, 실각한 후 잠시 수원 무봉산舞鳳山에 머물고 계셨다.[15] 〈무봉산중舞鳳山中〉도는 이러한 당시의 상황과 이 묵보의 내력을 그림으로 잘 보여주는 작품이라 할 수 있다.

▲도 11. 정선鄭敾,《퇴우이선생진적첩退尤二先生眞蹟帖》중 〈무봉산중舞鳳山中〉,
1746년, 보물 585호, 지본수묵紙本水墨, 각 32.5 x 22.3cm

그림의 상단에 무봉산 봉우리가 우뚝 솟아 있고 봉우리 좌우로
나지막한 여러 산줄기들이 뻗어 있다. 오른쪽 말단의 산줄기는 먹
의 농담에 변화를 주어 원근을 표시하고 있고, 중간의 우암이 거처
했을 기와집과 봉우리 사이를 운무雲霧로 여백 처리하여 신비감을
높이고 극적 느낌을 준다. 그림의 좌측 하단에 우암 선생과 겸재 외
조부 박자진이 만나고 있는 초옥정자가 위치해 있는데, 우암의 기
와집과 이 정자 사이를 또다시 곡천谷川이 갈라놓고 있으니 정말
겸재 그림구도와 구성의 경지를 짐작할 수 있다. 화면의 오른쪽 상

단 부분에 '무봉산중舞鳳山中'이라 관서되어 있고 '정선'이라는 도인이 찍혀 있다.

《퇴우이선생진적첩退尤二先生眞蹟帖》내에 담겨 있는 겸재 정선의 4폭 산수와 우암의 발문을 비롯하여 첩 내의 모든 발문들을 살펴보면 흥미로운 점이 발견된다. 사로(사천) 이병연의 제시를 제외한 모든 부분에서 작가 자신의 아호를 적지 않았다.[16] 이는 퇴계와 우암 두 대선생의 친필묵적이 합장되어 있기 때문에 그 존경의 의미로 아호 등을 적지 않고 자신의 본과 이름자를 적고 뒤에 '근서' 혹은 '경제'라 하였다. 이렇듯 우리의 선조들은 예禮를 배우고 익히고 그 예를 실행에 옮기었다는 것을 보여준다.

두 번에 걸친 우암의 발문을 다시 살펴보자.

右節要序與目錄, 只見於見行印本矣, 今朴進士自振氏, 以先生草眞蹟, 來示余於舞鳳山中。余 方素襪待罪, 撫玩移晷, 至於紙毛, 而不忍捨, 噫眞不負此行矣。朴進士 因言得之於其外舅正郎洪公有炯, 洪是先生外玄孫云爾。

時崇禎閼逢攝提格仲秋日 後學 恩津宋時烈 敬書。

"이 절요서와 목록을 영인본으로만 보아오다 지금 박진사 자진씨가 퇴계선생절요서 초본 진적을 내가 머물고 있는 무봉산 중으로 가지고 와 보이니, 내 소말대죄하고 있는 중에 뜻밖에 선생의 초본을 보게 되니 만져보고 또 조심스럽게 만져보고 보고 또 보고 하루해가 다 기울었는데도 만지고 또 만져 종이가 부풀어 종이 털이 일어나도록 보아도 차마 손에서 놓지 못하네. 참 좋다. 내 무봉에 오기를 잘했네. 박진사 말을 들어보니 박진사의 외숙인 정랑 벼슬을 한 홍유형 씨로부터 (이 진적을) 얻었으며, 홍정랑 유형 씨는 퇴도(퇴계) 선생의 외현손이 된다 한다.

숭정알봉[17] 섭제격[18](갑인1674년) 중추일 후학 은진송 시열 경서"

後九年壬戌至月十七日, 再見於舞鳳山中, 其不魚食塵昏若是, 可見其葆藏之誠也。

時烈再書。

"9년 뒤 임술(1683년) 지월 7일 이곳 무봉산 중에서 다시 또 보았으나 좀 먹은 곳이 없이 깨끗하니 박진사 보장(보관)의 지극 정성스러움에 놀랐도다.
시열 재서"

(3) 〈풍계유택楓溪遺宅〉

〈풍계유택楓溪遺宅〉(도 12)은 겸재謙齋 71세 시 숭정병인년崇禎丙寅年(1746)에 《퇴우이선생진적첩退尤二先生眞蹟帖》에 그려 넣으신 네 폭의 진경에 바탕을 둔 산수화 중 한 폭으로, 진적첩眞蹟帖 총 16면(앞뒤 표지 포함) 중 11면에 그려져 있는 작품이다.

이 그림은 청풍계淸風溪[19]에 기거하시던 겸재의 외조부 박자진이 사시던 집의 정경을 수묵으로 그려낸 작품이다. 앞에서 수차례 설명했듯 퇴계 이황 선생을 연원으로 이 묵보가 전해지게 된 내력

▲도 12. 정선鄭敾,《퇴우이선생진적첩退尤二先生眞蹟帖》중 〈풍계유택楓溪遺宅〉,
1746년, 보물 585호, 지본수묵紙本水墨, 각 32.5 x 22.3cm

을 그림으로 보여주고 있다. 그의 장인 정랑 홍유형으로부터 퇴계, 우암 두 선생의 소중한 묵적을 받게 된 겸재의 외조부 박자진이 이 묵보를 자신이 기거하던 집 풍계유택楓溪遺宅에 소중히 보관하고 있음을 그의 외손 겸재가 그의 나이 71세 시의 완숙한 필력으로 비록 작은 첩의 화면이지만 꽉 찬 구도와 구성으로 그렸다. 화면 상단에 산과 나무들로 우거진 청풍계의 정경이 펼쳐지고 그 아랫부분에 동그랗게 각종 나무들과 시냇물로 둘러싸여진 겸재의 외가 '풍계유택楓溪遺宅'의 정경이 펼쳐져 있다. 비록 집 전체의 풍광이 아닌 부분의 모습이지만 그 규모를 추정하기에 충분하다. 집 뒤편으로 산이 병풍처럼 펼쳐져 있고, 나무와 시내 그리고 운무가 집 주위를 둥글게 감싸 안은 모습이 영락없는 명당터요 마치 신선이 사는 곳이 아닐까 하는 생각이 들 정도로 극적인 느낌을 준다. '청풍계淸風溪'는 지명이고 '풍계유택楓溪遺宅(단풍나무와 시내가 있는 집)'은 겸재 외가의 이름이다. 동음이의 한자를 차용하여 집 이름을 지었으니 집의 정경과 꼭 맞아떨어지고 멋스럽다. 다른 대작들(청풍계淸楓溪)에 비하여 그 격이 떨어지지 않으니 과연 주역周易에 통달했던 겸재의 그림이라 할 수 있다.

(4) 〈인곡정사仁谷精舍〉

▲도 13. 정선鄭敾, 이병연李秉淵,《퇴우이선생진적첩退尤二先生眞蹟帖》중〈인곡
　정사仁谷精舍〉, 1746년, 보물 585호, 지본수묵紙本水墨, 각 32.5 x 22.3cm

〈인곡정사仁谷精舍〉도圖(도 13) 역시 겸재謙齋 71세 시 숭정병인
년崇禎丙寅年(1746)에《퇴우이선생진적첩退尤二先生眞蹟帖》에 그
려 넣으신 네 폭의 진경에 바탕을 둔 산수화 중 한 폭으로, 진적첩蹟
帖 총 16면(앞뒤 표지 포함) 중 12면에 그려져 있는 작품이다. 13면의
사로(사천) 이병연의 칠언절구 제시와 붙어 있다. 그러나 사로(사천)

의 제시가 꼭 이 한 폭 〈인곡정사仁谷精舍〉도圖만을 위한 시는 아니다. 사로(사천)의 시를 살펴보자.

松翠之邊竹籟中, 揮毫草草應兒童,
輞川不是他人畫, 畫是主人摩詰翁。

丙寅秋 友人 權老。

"비취색 소나무 숲과 세 구멍 퉁소소리가 나는 대밭 속에
퇴우 이선생의 말씀(글)[20]은 아동(후생)들이 응당 서둘러[21] 배울 일이요
망천(왕유王維의 별장이 있던 곳) 초본[22]을 위한 네 폭 그림은
다른 사람의 작품이 아니라 바로 우리나라의 마힐옹摩詰翁(중국의 화성) 겸재 정선의 작품 이라네."

과연 시문詩文의 대가다운 명시이다.

이 그림은 청풍계淸風溪에 기거하시던 겸재의 외조부 박자진이 사시던 외가집 풍계유택楓溪遺宅(단풍나무와 시내가 있는 집)으로부터 퇴계와 우암 두 선생의 친필묵보를 전해 받아 이 묵보를 수장하고 있는 겸재 자신의 집(인곡정사仁谷精舍)을 그린 그림으로〈인곡유거仁谷幽居〉도(간송미술관)와 그 궤를 같이하는 작품이라 할 수 있다. 다만 〈인곡정사仁谷精舍〉도圖 내에 겸재 자신의 집 표현

이 상세하게 되어 있어 그 규모를 짐작할 수 있다. 집 뒤 인곡에 우거진 노송老松이 숲을 이루고 있어 그 풍광이 빼어나다. 특히 우리 산천자연에 우거진 이리 휘어지고 저리 휘어진 노송老松의 표현을 보면 71세 시 겸재의 더욱 완숙해진 그의 필치를 느낄 수 있다.

"(중략) 이 초본은 퇴계 선생으로부터 나와 우암 송선생이 어루만져 감상하고 풍계에 수장되었다가 인곡에 전해졌구나."
　정만수 부기발문 중

2. 발문

(1) 정만수鄭萬遂(1701~1784) 발문

　余於退陶李文純公爲外裔, 而先生節要序草本, 得之於朴兄宗祥氏, 藏于家, 蓋余誠心欲得, 故朴兄許之。然此書之前後, 必傳於外裔者, 其亦異哉。尤庵宋先生, 爲眞外曾王考所請, 題跋語, 其下 家大人 又以水墨作溪上靜居, 舞鳳山中, 楓溪遺宅, 仁谷精舍凡四幅, 以其出於老先生, 而撫玩於宋先生, 藏於楓溪, 而傳於仁谷也。節要序全篇而爲四幅, 跋文二節而爲兩片耳。

崇禎後再丙寅 後學光山鄭萬逢敬書 于地山齋中。

"나는 퇴도 이문순공의 외예인바 선생의 절요서 초본을 박형 종
상 씨로부터 얻어 우리 집에서 수장하게 되었으니, 이는 내가 성심으
로 얻고자 한 연유로 박형이 허락하였다. 그러나 이 초본의 앞뒤로
반드시 외손으로만 전해져 온 것은 또한 이상한 일이다. 우암 송선생
이 나의 외증조부의 청원으로 제발을 두 번이나 하였고, 그 아래에
아버지께서(겸재 정선) 수묵으로 '계상정거', '무봉산중', '풍계유택', '인
곡정사' 네 폭의 그림을 작품 하셨으니 이 초본은 퇴계 선생으로부터
나와 우암 송선생이 어루만져 감상하고 풍계에 수장되었다가 인곡에
전해졌구나.

숭정병인(1746) 후학 광산 정만수는 지산재 중에서 경서하다."

(2) 이병연李秉淵(1671~1751) 제시

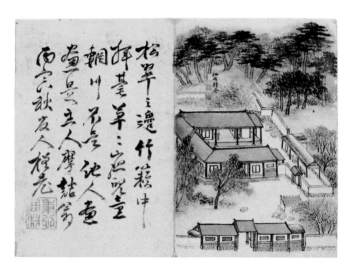

松翠之邊竹籟中, 揮毫草草應兒童,
輞川不是他人畫, 畫是主人摩詰翁。

丙寅秋 友人 槎老。

"비취색 소나무 숲과 세 구멍 퉁소소리가 나는 대밭 속에
퇴우 이선생의 말씀(글, 휘호)은 후생들이 응당 서둘러 배울 일이요
망천(왕유王維의 별장이 있던 곳) 초본을 위한 네 폭 그림은
다른 사람의 작품이 아니라 바로 우리나라의 마힐옹摩詰翁(중국
의 화성) 겸재 정선의 작품 이라네.

병인년 가을 친구 사로(호) 이병연"

(3) 임헌회任憲晦(1811~1876) 발문

敬題退尤二先生眞蹟
後

此退陶李先生朱書節
要序草本, 尤庵宋先生跋
語也。今年春暮, 余爲先
世延蔭禮, 作牙鄕行, 行
至獨醒得此。開卷肅然,

悅若親承警欬於陶山舞鳳之間, 眞尤翁所謂眞不負此行者。而鄭謙齋畵李槎川詩, 亦可謂雙絶也。噫 此帖自洪而朴, 自朴而鄭, 鄭以後又不知歷幾人而歸於余。至寶難私化工無偏, 有如此者, 異日之又不歸他人, 亦未可知, 其惟讀二先生書, 學二先生道, 世世勿替, 則帖亦可以傳永久之也歟, 後之人勖哉。

崇禎五壬申六月日 後學西河 任憲晦謹書。

六月炎天, 非七十老人近筆研時節, 偶得夕雨驟至書, 盧碩鉉田愚金寶鉉適來同翫, 雨止蟬聲淸。

"경제퇴우이선생진적후敬題退尤二先生眞蹟後

이는 퇴도 이선생 초본과 우암 송선생의 발문이다. 내가 금년 늦은 봄 선영일로 아산골을 향해 가다가 독성고을에서 이 책을 얻었다. 책을 열어보니 정신이 번쩍 들 정도로 엄숙함이 느껴지고, 당황스럽게도 도산과 무봉 두 선생의 인기척, 기침소리가 들리는 듯하니, 참으로 우옹이 말한 것과 같이 이번 걸음이 헛되지 않았다. 정겸재(정선) 그림과 이사천(사로 이병연)의 시 또한 쌍절이구나. 애닯다. 이 책은 홍씨로부터 박씨로, 박씨로부터 정씨로, 정씨 후에도 또한 여러 사람들을 거쳐 돌아다니다가 나에게 오게 되었는지…… 지보를 가지기 어려우며 천지조화가 편벽되지 않은 것은 이 훗날 다른 사람들에게 흘러들어가지 않을 것이라 장담할 수 없으며, 또한 알

수 없으니, 오직 두 선생의 학문과 도리를 배워 대 대세세로 바뀌지
않으면, 이 책 또한 영구히 보전될 것이니 후인들은 힘써 노력하기
를 바란다.

　숭정오 임신(1872년) 유월 일후 후학 서하 임헌회 근서"

　"유월 염복 중에 칠십 늙은이가 아니면 붓을 가까이하지 않는 시
절, 소나기가 쏟아지는 저녁에 이글을 쓰고 있는 중 노석현, 전우,
김보현 세 제자가 마침 와 같이 감상을 하니 소
　나기는 그치고 개구리 소리만 청아하구나. (임헌회 제)"

(4) 김용진金容鎭(1878~1968) 발문

此誠至寶也。宜其保藏之。
金容鎭敬題。

"이 책은 지극히 좋은 보물이다.
마땅히 보존하고 보장할지어다.
김용진 경제"

(5) 이강호李康灝(1899~1980) 발문(별지)

此帖 退陶李先生手筆也。朱書節要序文原稿也。豈不重且寶歟, 尤菴先生之撫玩移暑不忍捨, 其在此也。謙齋之畫此帖, 所稿之溪上, 撫玩之舞鳳, 保藏之楓溪, 自家藏之仁谷, 此豈自衒其畫也,亦敬慕之感而寫也。伊後歷幾人, 而歸於鼓山任先生, 任先生亦學問之士也, 至寶難私, 託後進以讀先生書學先生之道, 世世勿替, 則帖亦傳之永久, 豈非知道之言耶。余亦以讀書學道爲託於後生, 其勉之哉。

丁巳夏五月三日 後學全州李康灝敬題。

"이 책은 퇴도 이선생 친필(회암서)절요 서문원고이다. 그 어찌 소중하고 또 지극한 보물이 아니겠는가? 우암 송선생이 어루만져 보기를 해저물 때까지 했으나 차마 놓지를 못했다는 말씀이 또한 이 책 안에 담겨 있으며, 퇴계 선생께서 도산서당에서 회암서절요 서문을 지으시는 모습을 겸재 정선이 그린 '계상정거'가 서문 앞장에 있고, 우암 송선생께서 무봉산 중에서 은거하실 때 정성스럽게 어루

만지시고 두 번의 제발을 쓰신 모습을 역시 겸재가 그린 '무봉산중', 이 지보를 지극정성으로 보살피며 수장해온 박진사의 '풍계유택', 마침내 겸재 자신의 집 '인곡정사', 이 모든 뜻 깊은 수장의 기록을 또한 겸재 자신이 매우 존경하고 흠모하는 마음으로 그려 넣었다. 이후 여러 사람의 손을 거쳐 고산 임선생의 수장품이 되었다. 임선생 역시 학문이 높은 분으로 '지보'를 수장하기 힘들다 이 책에 제하고 후진(후학)들이 두 선생의 글과 도道를 공부하고 익혀 그 뜻이 바뀌고 끊어지지 않는다면 이 책 역시 영원토록 전해질 것이라고 하셨으니, 그 어찌 도道를 알고 하는 말씀이 아니겠는가? 나 또한 후학, 후손들이 두 분 선생의 글을 읽고 두 분 선생의 도道를 배워 이 책이 영구히 보존되어 전해지도록 힘쓰고 힘써 주기를 바란다.

정사(1977년) 여름 오월 삼일 후학 전주 이강호 경제"

1) 〈퇴계연보〉에 의하면 신유년(1561년) 퇴계 나이 61세 시에《도산기陶山記》를 지으셨다 전하고, 판각본으로의 발간은 그로부터 11년 후인 1572년에 이루어졌다.
  *《도산기陶山記》의 본래 이름은《도산잡영 병기陶山雜詠 幷記》이다. 그 전문全文을 알아보면 다음과 같다.

退溪先生文集卷之三
詩_陶山雜詠 幷記

靈芝之一支東出。而爲陶山。或曰。以其山之再成。而命之曰陶山也。或云。山中舊有陶竈。故名之以其實也。爲 山不甚高大。宅曠而勢絶。占方位不偏。故其旁之峯巒溪壑。皆若拱揖環抱於此山然也。山之在左曰東翠屛。在右曰西翠屛。東屛來自淸涼。至山之東。而列岫縹緲。西屛來自靈芝。至山之西。而聳峯巍峨。兩屛相望。南行迤邐。盤旋八九里許。則東者西。西者東。而合勢於南野莽蒼之外。水在山後曰退溪。在山南曰洛川。溪循山北。而入洛川於山之東。川自東屛而西 趨。至山之趾。則演漾泓渟。沿泝數里間。深可行舟。金沙玉礫。淸瑩紺寒。卽所謂濯纓潭也。西觸于西屛之崖。遂尨其下。南過大野。而入于芙蓉峯下。峯卽西者東而合勢之處也。始余卜居溪上。臨溪縛屋數間。以爲藏書養拙之所。蓋已三遷其地。而輒爲風雨所壞。且以溪上偏於閑寂。而不稱於曠懷。乃更謀遷。得地於山之南也。爰有小洞。前俯江郊。幽敻遼廓。巖麓 悄蒨。石井甘冽。允宜肥遯之所。野人田其中以資易之。有浮屠法蓮者幹其事。俄而蓮死。淨一者繼之。自丁巳至于辛酉。五年而堂舍兩屋俱成。可棲息也。堂凡三間。中一間曰玩樂齋。取朱先生名堂室記樂而玩之之語也。東一間曰巖栖軒。取雲谷詩自信久未能。巖栖冀微效之語也。又合而扁之曰陶山書堂。舍凡八間。齋曰時習。寮曰止宿。軒 曰觀瀾。合而扁之曰隴雲精舍。堂之東偏。鑿小方塘。種蓮其中。曰淨友塘。又其東爲蒙泉。泉上山脚。鑿令與軒對平。築之爲壇。而植其上梅竹松菊。曰節友社。堂前出入處。掩以柴扉。曰幽貞門。門外小徑緣澗而下。至于洞口。兩麓相對。其東麓之脊。開巖築址。可作小亭。而力不及。只存其處。有似山門者。曰谷口巖。自此東轉數步。山麓斗斷。正控濯纓。潭上巨石削立。層 累可十餘丈。築其上爲臺。松棚翳日。上天下水。羽鱗飛躍。左右翠屛。動影涵碧。江山之勝。一覽盡得。曰天淵臺。西麓亦擬築臺。而名之曰天光雲影。其勝槩當不減於天淵也。盤陀石在濯纓潭中。其狀盤陀。可以繫舟傳觴。每遇潦漲。則與齊俱入。至水落波淸。然後始呈露也。余恆苦積病纏繞。雖山居。不能極意讀書。幽憂調息之餘。有時身體輕安。心神灑醒。俛仰宇宙。 感慨係之。則撥書攜筇而出。臨軒玩塘。陟壇尋社。巡囿蒔藥。搜林擷芳。或坐石弄泉。登臺望雲。或磯上觀魚。舟中狎鷗。隨意所適。逍遙徜徉。觸目發興。遇景成趣。至與極而返。則一室岑寂。圖書滿壁。對案默坐。兢存硏索。往往有會于心。輒復欣然忘食。其有不合者。資於麗澤。又不得則發於憤悱。猶不敢强而通之。且置一邊。時復拈出。虛心思繹。以俟其自解。今日如是。明日又如是。若夫山鳥嚶鳴。時物暢茂。風霜刻厲。雪月凝輝。四時之景不同。而趣亦無窮。自非大寒大暑大風大雨。無時無日而不出。出如是。返亦如是。是則閒居養疾。無用之功業。雖不能窺古人之門庭。而其所以自娛悅於中者不淺。雖欲無言。而不可得也。於是。逐處各以七言一首紀其事。凡得十八絶。又有蒙泉、冽井、庭草、澗柳、菜圃、花砌、西麓、南沜、翠微、寥朗、釣 磯、月艇、鶴汀、鷗渚、魚梁、漁村、烟林、雪徑、櫟遷、漆園、江寺、官亭、長郊、遠岫、土城、校洞等五言雜詠二十六絶。所以道前詩不盡之餘意也。嗚呼。余之不幸晩生遐裔。樸陋無聞。而顧於山林之間。夙知有可樂焉。中年。妄出世路。風埃顚倒。逆旅推遷。幾不及自返而死也。其後年益老。病益深。行益躓。則世不我棄。而我不得不棄於世。乃始脫身樊籠. 投分農畝. 而向之所謂山 林之樂者. 不期而當我之前矣. 然則余乃今所以消積病. 豁幽憂. 而娿然於窮老之域者. 舍是將何求矣. 雖然. 觀古之有樂於山林者. 亦有二焉. 有慕玄虛. 事高尙而樂者. 有悅道義. 頤心性而樂者. 由前之說. 則恐或流於潔身亂倫. 而其甚則與鳥獸同群. 不以爲非矣. 由後之說. 則所嗜者糟粕耳. 至其不可傳之妙. 則愈求而愈不得. 於樂何有. 雖然. 寧爲此而自勉. 不 爲彼而自誣矣. 又何暇知有所謂世俗之營營者. 而人我之靈臺乎. 或曰. 古之愛山者. 必得名山以自託. 子之不居淸涼. 而居此何也. 曰. 淸涼壁立萬仞. 而危臨絶壑. 老病者所不能安. 且樂山樂水. 缺一不可. 今洛川雖過淸涼. 而山中不知有水焉. 余固有淸涼之願矣. 然而後彼而先此者. 凡以兼山水. 而逸老病也. 曰. 古人之樂. 得之心而不假於外物. 夫顔淵之陋巷. 原憲之甕牖. 何有於山水. 故凡有待於外物者. 皆非眞樂也. 曰. 不然. 彼顔原之所處者. 特其適然而能安之爲貴爾. 使斯人而遇斯境. 則其爲樂. 豈不有深於吾徒者乎. 故孔孟之於山水. 未嘗不亟稱而深喩之. 若信如吾子之言. 則與點之歎. 何以特發於沂水之上. 卒歲之願. 何以獨詠於蘆峯之巓乎. 是必有其故矣. 或人唯而退. 嘉靖辛酉日南至. 山主老病畸人. 記.

"영지산靈芝山 한 줄기가 동쪽으로 나와 도산陶山이 되었다. 그런데 어떤 이는, "이 산이 두 번 이루어졌기 때문에 도산이라 이름 하였다." 하고, 또 어떤 이는, "옛날 이 산중에 질그릇을 굽던 곳이 있었으므로 그 사실을 따라 도산이라 한다." 하였다. 산은 그리 높거나 크지 않으며 그 골짜기가 넓고 형세가 뛰어나며 치우침이 없이 높이 솟아, 사방의 산봉우리와 계곡들이 모두 손잡고 절하면서 이 산을 빙 둘러싼 것 같다. 왼쪽에 있는 산을 동취병東翠屛이라 하고, 오른쪽에 있는 것을 서취병西翠屛이라 한다. 동취병은 청량산淸涼山에서 나와 이 산 동쪽에 이르러서 벌려 선 품이 아련히 트였고, 서취병은 영지산에서 나와 이 산 서쪽에 이르러 봉우리들이 우뚝우뚝 높이 솟았다. 동취병과 서취병이 마주 바라보면서 남쪽으로 구불구불 휘감아 8, 9리쯤 내려가다가, 동쪽에서 온 것은 서쪽으로 들고 서쪽에서 온 것은 동쪽으로 들어 남쪽의 넓고 넓은 들판 아득한 밖에서 합세하였다. 산 뒤에 있는 물을 퇴계라 하고, 산 남쪽에 있는 것을 낙천洛川이라 한다. 퇴계는 산 북쪽을 돌아 산 동쪽에서 낙천으로 들고, 낙천은 동취병에서 나와 서쪽으로 산기슭 아래에 이르러 넓어지고 깊어진다. 여기서 몇 리를 거슬러 올라가면 물이 깊어 배가 다닐 만한데, 금 같은 모래와 옥 같은 조약돌이 맑게 빛나며 검푸르고 차디차다. 여기가 이른바 탁영담濯纓潭이다. 서쪽으로 서취병의 벼랑을 지나서 그 아래의 물까지 합하고, 남쪽으로 큰 들을 지나 부용봉芙蓉峯 밑으로 들어가는데, 그 봉이 바로 서취병이 동취병으로 와서 합세한 곳이다. 처음에 내가 퇴계 위에 자리를 잡고 시내를 굽어 두어 칸 집을 얽어서 책을 간직하고 옹졸한 성품을 기르는 처소로 삼으려 하였는데, 벌써 세 번이나 그 자리를 옮겼으나 번번이 비바람에 허물어졌다. 그리고 그 시내 위는 너무 한적하여 가슴을 넓히기에 적당하지 않기 때문에 다시 옮기기로 작정하고 산 남쪽에 땅을 얻었던 것이다. 거기에는 조그마한 골이 있는데, 앞으로는 강과 들이 내려다보이고 깊숙하고 아늑하면서도 멀리 트였으며, 산기슭과 바위들은 선명하며 돌우물은 물맛이 달고 차서 참으로 수양할 곳으로 적당하였다. 어떤 농부가 그 안에 밭을 일구고 사는 것을 내가 값을 치르고 샀다. 거기에 집짓는 일을 법련法蓮이란 중이 맡았다가 얼마 안 되어 갑자기 죽었으므로 정일淨一이란 중이 그 일을 계승하였다. 정사년(1557, 명종12)에서 신유년(1561, 명종 16)까지 5년 만에 당堂과 사舍 두 채가 그런대로 이루어져 거처할 만하였다. 당은 모두 세 칸인데, 중간 한 칸은 완락재玩樂齋라 하였으니, 그것은 주 선생朱先生의 〈명당실기名堂室記〉에 "완상하여 즐기니, 족히 여기서 평생토록 지내도 싫지 않겠다."라고 한 말에서 따온 것이다. 동쪽 한 칸은 암서헌巖棲軒이라 하였으니, 그것은 운곡雲谷의 시에 "자신을 오래도록 가지지 못했으니 바위에 깃들여 작은 효험 바라노라."라는 말을 따온 것이다. 그리고 합해서 도산서당陶山書堂이라고 현판을 달았다. 사는 모두 여덟 칸이니, 시습재時習齋·지숙료止宿寮관란헌觀瀾軒이라고 하였는데, 모두 합해서 농운정사隴雲精舍라고 현판을 달았다. 서당 동쪽 구석에 조그만 못을 파고 거기에 연蓮을 심어 정우당淨友塘이라 하고, 또 그 동쪽에 몽천蒙泉이란 샘을 만들고, 샘 위의 산기슭을 파서 암서헌과 마주 보도록 평평하게 단을 쌓고는 그 위에 매화·대[竹]·소나무·국화를 심어 절우사節友社라 불렀다. 당 앞 출입하는 곳을 막아서 사립문을 만들고 이름을 유정문幽貞門이라 하였는데, 문밖의 오솔길은 시내를 따라 내려가 동구에 이르면 양쪽 산기슭이 마주하고 있다. 그 동쪽 기슭 옆에 바위를 부수고 터를 닦으니 조그만 정사를 지을 만한데, 힘이 모자라서 만들지 못하고 다만 그 자리만 남겨두었다. 마치 산문山門과 같아 이름을 곡구암谷口巖이라 하였다. 여기서 동으로 몇 걸음 나가면 산기슭이 끊어지고 바로 탁영담에 이르는데, 그 위에 커다란 바위가 마치 깎아 세운 듯 서서 여러 층으로 포개진 것이 10여 길은 될 것이다. 그 위를 쌓아 대臺를 만들었더니, 우거진 소나무는 해를 가리며, 위에는 하늘 아래에는 물이어서 새는 날고 고기는 뛰며 물에 비친 좌우 취병산의 그림자가 흔들거려 강산의 훌륭한 경치를 한눈에 다 볼 수 있으니, 이름을 천연대天淵臺라 하였다. 그 서쪽 기슭 역시 이것을 본떠서 대를 쌓고 이름을 천광운영天光雲影이라 하였으니, 그 훌륭한 경치는 천연대에 못지않다. 반타석盤陀石은 탁영담 가운데 있다. 그 모양이 넓적하여 배를 매 두고 술잔을 돌릴 만하며, 큰 홍수를 만날 때면 물속에 들어갔다가 물이 빠지고 물결이 맑아진 뒤에야 비로소 드러난다.

나는 늘 고질병을 달고 다녀 괴로웠기 때문에, 비록 산에서 살더라도 마음껏 책을 읽지 못한다. 남몰래 걱정하다가 조식調息한 뒤 때로 몸이 가뿐하고 마음이 상쾌하여, 우주를 굽어보고 우러러보다 감개感慨가 생기면, 책을 덮고 지팡이를 짚고 나가 관란헌에 임해 정우당을 구경하기도 하고 단에 올라 절우사를 찾기도 하며, 밭을 돌면서 약초를 심기도 하고 숲을 헤치며 꽃을 따기도 한다. 혹은 바위에 앉아 샘물 구경도 하고 대에 올라 구름을 바라보거나 낚시터에서 고기를 구경하고 배에서 갈매기와 가까이하면서 마음대로 이리저리 노닐다가, 좋은 경치 만나면 흥취가 절로 일어 한껏 즐기다가 집으로 돌아오면 고요한 방 안에 쌓인 책이 가득하다. 책상을 마주하여 잠자코 앉아 삼가 마음을 잡고 이치를 궁구할 때, 간간이 마음에 얻는 것이 있으면 흐뭇하여 밥 먹는 것도 잊어버린다. 생각하다가 통하지 못한 것이 있을 때는 좋은 벗을 찾아 물어보며, 그래도 알지 못할 때는 혼자서 분발해 보지만 억지로 통하려고는 하지 않는다. 우선 한쪽에 밀쳐두었다가, 가끔 다시 그 문제를 끄집어내어 마음에 어떤 사념도 없애고 곰곰이 생각하면서 스스로 깨달아지기를 기다리며 오늘도 그렇게 하고 내일도 그렇게 할 것이다.

또 산새가 울고 초목이 무성하며 바람과 서리가 차갑고 눈과 달빛이 어리는 등 사철의 경치가 다 다르니 흥취 또한 끝이 없다. 그래서 너무 춥거나 덥거나 큰바람이 불거나 큰비가 올 때가 아니면, 어느 날이나 어느 때나 나가지 않는 날이 없고 나갈 때나 돌아올 때나 이와 같이 하였다. 이것은 곧 한가히 지내면서 병을 조섭하기 위한 쓸모없는 일이라서 비록 옛사람의 문정門庭을 엿보지는 못했지만, 스스로 마음속에 즐거움을 얻음이 얕지 않으니, 아무리 말이 없고자 하나 말하지 않고는 배길 수 없었다. 이에 이르는 곳마다 칠언시 한 수로 그 일을 적어 보았더니, 모두 18절絶이 되었다.

또 몽천蒙泉, 열정冽井, 정초庭草, 간류澗柳, 채포菜圃, 화체花砌, 서록西麓, 남반南沜, 취미翠微, 요랑廖朗, 조기釣磯, 월정月艇, 학정鶴汀, 구저鷗渚, 어량魚梁, 어촌漁村, 연림烟林, 설경雪徑, 역천櫟遷, 칠원漆園, 강사江寺, 관정官亭, 장교長郊, 원수遠岫, 토성土城, 교동校洞 등 오언五言으로 사물이나 계절 따라 잡다하게 읊은 시 26수가 있으니, 이것은 앞의 시에서 다하지 못한 뜻을 말한 것이다.

아, 나는 불행히도 뒤늦게 구석진 나라에서 태어나서 투박하고 고루하여 들은 것이 없으면서도 산림山林에 즐거움이 있다는 것은 일찍 알았었다. 그러나 중년中年에 들어 망령되이 세상길에 나아가 바람과 티끌이 뒤덮는 속에서 여러 해를 보내면서 돌아오지도 못하고 거의 죽을 뻔하였다. 그 뒤에 나이는 더욱 들고 병은 더욱 깊어지며 처세는 더욱 곤란하여지고 보니, 세상이 나를 버리지 않더라도 나 스스로가 세상에서 버려지지 않을 수 없게 되었다. 이에 비로소 굴레에서 벗어나 전원田園에 몸을 던지니, 앞에서 말한 산림의 즐거움이 뜻밖에 내 앞으로 닥쳤던 것이다. 그렇다면 내가 지금 오랜 병을 고치고 깊은 시름을 풀면서 늘그막을 편히 보낼 곳을 여기 말고 또 어디를 가서 구할 것인가.

그러나 옛날 산림을 즐기는 사람들을 보면 거기에는 두 종류가 있다. 첫째는, 현허玄虛를 사모하여 고상高尙을 일삼아 즐기는 사람이요, 둘째는 도의道義를 즐기어 심성心性 기르기를 즐기는 사람이다. 전자의 주장에 의하면, 몸을 더럽힐까 두려워하여 세상과 인연을 끊고, 심한 경우 새나 짐승과 같이 살면서 그것을 그르다고 생각하지 않는다. 후자의 주장에 의하면, 즐기는 것이 조박糟粕뿐이어서 전할 수 없는 묘한 이치에 이르러서는 구할수록 더욱 얻지 못하게 되니, 즐거움이 어디에 있겠는가. 그러나 차라리 후자를 위하여 힘쓸지언정 전자를 위하여 스스로 속이지는 말아야 할 것이니, 어느 여가에 이른바 세속의 명리名利를 좇는 것이 내 마음에 들어오는지 알겠는가.

어떤 이가 말하기를,

"옛날 산을 사랑하는 사람들은 반드시 명산名山을 얻어 의탁하였거늘, 그대는 왜 청량산에 살지 않고 여기 사는가?" 하여, 답하기를,

"청량산은 만 길이나 높이 솟아서 까마득하게 깊은 골짜기를 내려다보고 있기 때문에 늙고 병든 사람이 편안히 살 곳이 못 된다. 또 산을 즐기고 물을 즐기려면 어느 하나가 없어도 안 되는데, 지금 낙천洛川이 청량산을 지나기는 하지만 산에서는 그 물이 보이지 않는다. 나도 청량산에서 살기를 진실로 원한다. 그런데도 그 산을 뒤로 하고 이곳을 우선으로 하는 것은, 여기는 산과 물을 겸하고 또 늙고 병든 이에게 편하기 때문이다."

하였다. 그는 또 말하기를,

"옛사람들은 즐거움을 마음에서 얻고 바깥 물건에서 빌리지 않는다. 대개 안연顔淵의 누항陋巷과 원헌原憲의 옹유甕牖에 무슨 산과 물이 있었던가. 그러므로 바깥 물건에 기대가 있으면 그것은 다 참다운 즐거움이 아니리라." 하여, 나는 또,

"그렇지 않다. 안연이나 원헌이 처신한 것은 다만 그 형편이 그런 상황에서도 이를 편안해한 것을 우리가 귀히 여기는 것이다. 그러나 그분들이 이런 경지를 만났더라면 그 즐거워함이 어찌 우리들보다 깊지 않았겠는가. 그러므로 공자나 맹자도 일찍이 산수를 자주 일컬으면서 깊이 인식하였던 것이다. 만일 그대 말대로 한다면, '점點을 허여한다.'는 탄식이 왜 하필 기수沂水 가에서 나왔으며 '해를 마치겠다.'는 바람을 왜 하필 노봉盧峰 꼭대기에서 읊조렸겠는가. 거기에는 반드시 이유가 있을 것이다."

하자, 그 사람은 "그렇겠다." 하고 물러갔다.

가정嘉靖 신유년(1561, 명종16) 동지에 노병기인老病畸人은 적는다.

2) 국제퇴계학회 간《퇴계선생과 도산서원》(한국출판사, 1991), pp. 66~67; 윤천근, 김복영, 《퇴계선생과 도산서원》(지식산업사, 1999), pp. 34~35.

3) 상동서 pp. 66~67.

4) 상동서 pp. 69~70.

5) 퇴계의《도산기陶山記》와〈퇴계연보〉는 앞에서 언급한 서적들 외에 수많은 간행본들이 있다. 자신에게 맞는 아무 한 책을 골라 읽어 살펴보기를 바란다.

6)《퇴계집》내의〈언행록〉중 이덕홍의 기록 참조.

장기근 역 《퇴계집》(명문당, 2003), pp. 603~605.

7) 분강서원은 광해군 4~5년(1612년 혹은 1613년) 향현사鄕賢祠라 창건되었고 숙종 26년 (1700년)에 서원으로 개편되었다고 전하는데 원래는 안동군安東郡 도산면陶山面 분천 동汾川洞에 위치하였으나 안동댐 수몰로 1975년에 현재의 위치로 이건(移建)하였다. 서원의 기원에 관한 좀 더 정확한 연구가 필요하다.

8) 애일당 역시 안동군安東郡 도산면陶山面 분천동汾川洞에 위치하였으나 안동댐 수몰로 1975년 원래의 위치에서 서쪽으로 1㎞쯤 떨어진 영지산靈芝山(436m) 남쪽 기슭으로 이건하여 보존하고 있다.

9) 송재소, "퇴계의 은거와 '도산잡영',《도산서원陶山書院》(한길사, 2001), pp. 266~267.

10) 문화재청의 자료설명과 첨부한《퇴우이선생진적첩退尤二先生眞蹟帖》원본사진자료들을 참조하여 보기 바란다.

11) 공책의 한 면에만 풀을 발랐을 때를 생각해보면 이해가 가리라 생각된다.

12) 굴원屈原의《초사楚辭》〈복거편卜居篇〉.

13) 왕부王符의《잠부론潛夫論》〈현난편賢難篇〉, 필자가 '광狂'자 한 글자를 덧붙였다.

14) 9개월 동안 상복을 입는 것.

15) 최완수,《겸재謙齋 정선鄭敾 진경산수화眞景山水畵》(범우사汎友社, 1993/2000), p. 240.

16) 이병연의 제시는 퇴계나 우암 두 대선생의 묵적에 관련된 것이 아니라 지기인 겸재의 그림들과 합하여진 것이기에 아호인 '사로'를 적은 것으로 생각된다.

17) 알봉閼逢, 고갑자 십간十干의 첫째 갑甲.

18) 섭제격攝提格, 고갑자 십간十干 중 인寅.

19) '청풍계淸楓溪'라고도 불렀다. 본래 단풍나무가 많아서 청풍계靑楓溪라 불렀는데 선원 김상용(仙源 金尙容, 1561~1637)이 이곳을 별장으로 꾸미면서부터 맑은 바람이 부는 계곡이라는 의미인 청풍계淸風溪로 바뀌었다 한다.

20) '휘호揮毫', 글씨를 쓰거나 그림을 그림 또는 그러한 작품作品. 즉 이 진적첩에 담긴 퇴계 선생의 〈회암서절요晦庵書節要 서序〉친필수고본을 지칭한다 할 수 있는데, 첩 내의 모든 묵적을 지칭할 수도 있다고 생각된다.

21) '草草초초'.

22) 망천도輞川圖, 중국 당나라의 문인화가 왕유가 망천輞川에 은거하며 자신의 별장과 주변 경치를 그린 그림이라 전해진다.

05

결結

　이상에서《퇴우이선생진적첩退尤二先生眞蹟帖》에 관한 전반적인 의미와 내용을 살펴보았다. 이 논고의 II장에서 이 진적첩眞蹟帖의 구성과 그 연원으로부터 현재 모암문고에 수장, 보관되기까지의 경로를 자세히 살펴보았고, III장에서 퇴계 선생의 친필수고본親筆手稿本인〈회암서절요晦庵書節要 서서序〉의 내용을 확인하고 그 의미를 살펴 퇴계 사상의 일면을 찾아보려 노력했으며 이《퇴우이선생진적첩退尤二先生眞蹟帖》내內에 우암 송시열 선생의 두 번에 걸친 발문이 어떠한 경로를 통하여 전하게 되었는지 내력을 알아보고 그 덧붙여진 우암 발문의 내용을 확인했다. 그리고 IV장에서 이 진적첩 내에 그려진 겸재 정선의 네 폭 진경산수 기록화에 관한 각각의 의미와 구성 또 발문, 제시와의 관계를 진적첩 내의 모든 발문 글과 제시의 내용을 확인하며 살펴보았다. 이러한 과정들을 통하여 이 진적첩眞蹟帖의 정확한 의미와 그 진정한 가치를 알아보고 발견하려 노력했다.

　사실 이《퇴우이선생진적첩退尤二先生眞蹟帖》내에 그려진 겸재의 네 폭에 걸친 진경산수 기록화는 앞에서 설명한 퇴계 선생의 친필수고본親筆手稿本인〈회암서절요晦庵書節要 서서序〉가 전하여지는 내력을 그림으로 설명하여 전한다는 의미 그 이상의 내용을 담고 있다. 다시 말하면 이 겸재의 네 폭 〈계상정거溪上靜居〉,〈무봉산중舞鳳山中〉,〈풍계유택楓溪遺宅〉,〈인곡정사仁谷精舍〉는 퇴계의 친필 〈회암서절요晦庵書節要 서序〉가 전하여지는 과정을 그림으로 설명하고 있는 동시에 주자성리학朱子性理學이 전하여지는 과정을 설명하고 있다 할 수 있다.

사로(사천) 이병연과 더불어 겸재 정선의 지기였던 관아재觀我齋 조영석趙榮祏(1686~1761)이 남긴 그의 저서 《관아재고觀我齋稿》[1] 권 4의 〈겸재정동구애사기묘오월謙齋鄭同句哀辭己卯五月〉편[2]에 겸재에 관한 중요한 사실을 기록하여 놓았는데 그 기록의 부분을 발췌하여 내용을 요약하면 다음과 같다.

"(중략) 겸재(공)는 또한 경학經學에 공부가 깊어 중용, 대학을 논하고 처음부터 끝까지 관통하여 암기하여 말하듯 하였다. 만년에는 주역周易을 좋아해서 밤과 낮으로 힘쓰고 필요한 부분을 골라 수기하였고 세세한 부분까지도 살피는 데 게을리 하지 않았다. 세인들은 공이 그림에 이름이 있는 줄은 알아도 경학(학문)에 이처럼 깊이가 있는 것은 알지 못한다. (중략)" 하였다.

위의 기록에서 알 수 있듯 겸재는 학문에도 그 깊이가 깊었다는 것을 확인할 수 있다. 겸재의 학문적 계보를 추정하여 보면 더욱 확실한 사실을 알 수 있게 된다. 앞에서 언급했던 《겸재謙齋 정선鄭

斂 진경산수화眞景山水畵》(범우사汎友社, 1993/2000)를 살펴보면 겸재 집안의 학문적 연원과 그 흐름이 잘 정리되어있다.[3] 참조하여보기 바란다.

앞에서 잠깐 언급했던 대로 성리학은 고려 말에 도입되어 정몽주, 길재 등을 시작으로 김종직, 김굉필, 조광조, 이언적 등을 거쳐 이황에게 귀결되어지고 이황에 의하여 조선성리학으로서의 학문적인 체계가 성립된다 할 수 있다.[4] 또한 퇴계의 주자성리학을 말하면서 농암 이현보를 말하지 않을 수 없다. 퇴계가 남긴 기록에 농암 이현보에 관한 기록이 몇 편 전하고 있음이 우연이 아님을 알 수 있다. 또 《퇴우이선생진적첩退尤二先生眞蹟帖》내內의 겸재 그림 〈계상정거溪上靜居〉도 안에 농암과 관련된 분강서원과 애일당이 그려져 있는 것이 이와 무관하게 보이지 않는다. 따라서《퇴우이선생진적첩退尤二先生眞蹟帖》내內의 겸재 그림 네 폭은 단순한 퇴계 선생의 묵보가 전하여지는 과정, 내력만을 보여주는 것이 아니라 조선 성리학의 흐름을 한 눈에 보여주고 있는 그림들이라 할 수 있다.

현대와 같이 물질적인 가치와 이로움의 중요함이 점점 더 강조되어 가고 있는 현 시점에《퇴우이선생진적첩退尤二先生眞蹟帖》내內 퇴계의 친필〈회암서절요晦庵書節要 서序〉중 부분의 가르침에 심금의 떨림이 느껴지는 것은 왜일까?

"(중략) 옛날 성인의 가르침에 예禮·악樂·시詩·서書가 모두 있다.

그런데 정자程子[5]와 주자는 이를 칭송하고 기술함에 있어 마침내 논어論語를 가장 학문에 절실한 것으로 삼았으니 그 뜻은 역시 이 때문이었다. 아! 논어 한 가지의 한 책으로도 도道에 들어갈 수 있다. 지금 사람들은 여기에 있어 학설을 외우고 (입으로만) 떠들기에 힘쓸 뿐 도道(를) 구하기에 마음을 쓰지 않으니 이것은 이익의 꾐에 빠진 때문이다. 그런데 이 글에는 논어의 뜻은 있지만 꾐에 빠지는 해독은 없다. 그렇다면 앞으로 배우는 자로 하여금 느끼고 흥기되게 하여, 참으로 알고 실천하도록 하는 데는 이 글을 버리고 어떻게 할 것인가? (중략)"

필자의 이해로 이 부분 퇴계 선생의 가르침 중 도道란 '진리(Truth)'라는 단어와도 그 상통함이 있다고 생각된다. 그렇다면 지금의 우리는 학문을 함에 있어 퇴계 선생의 말씀대로 "이익의 꾐에 빠져 학설을 입으로만 외우고 떠들 뿐" 도道(진리)를 구하기에는 그 마음을 쓰고 있지 않은 것은 아닐까?

요즘 이러저러한 일들로 나라 안이 시끄럽다. 무릇 한 나라의 군주君主 된 자는 민심民心의 살핌에 가장 그 중점을 두어야 한다고 했다. 잘 알고 있듯 고려 말부터 조선시대에 걸쳐 우리나라에는 군주君主에게 유교의 경서들과 역사를 가르치며 토론하는 '경연經筵'이라는 제도가 있었다. 현재의 난국을 타파하는 데 있어 지난날 우리의 역사를 훑어보는 것이 필자의 생각에 많은 도움이 되리라 생각한다. 무릇 한 나라의 역사歷史는 수천수만 년 시간 동안의 사람이 살아온 흔적들이기 때문이다. 이 흔적들 중에는 반드시 현재의 상황에 부합되는 사례들이 있기 마련이다. 이러한 사례들을 살피고 선조들은 이러한 어려움들을 어떻게 해결하였는지 살펴보면 반드시 가장 타당한 해결의 실마리를 얻을 수 있을 거라 생각한다. 그리고 이러하다면 반드시 군주의 생각대로 이 나라를 든든한 기반 위에 올려놓게 될 그 초석을 다질 수 있을 거라 생각한다.

논고의 본本 내용에서 살펴본 대로 이《퇴우이선생진적첩退尤二先生眞蹟帖》에는 퇴계와 우암 두 대大선생의 심오한 철학哲學과 혼魂, 그리고 그 선학의 가르침을 배워 익히고 실천하려 했던 여러 문인들의 절절하고 자신에게 엄격했던 치열한 흔적들, 그 450여 년의 살아 있는 역사가 오롯이 담겨 있는 것이다. 그리고 이 450여 년을 전해 내려온 철학과 혼은 앞서 말씀하신 두 선생 고산 임헌회 그리고 모운 이강호의 발문에서처럼 "우리가(후진, 후학) 두 선생의 글과 도道를 공부하고 익혀 그 뜻이 바뀌고 끊어지지 않는다면 이 책 역시 영원토록 전해질 것이다"라고 하셨으니, 우리 모두 이 말씀에 귀 기울여 이를 배우고 행하는 데 힘써야 할 것이다.

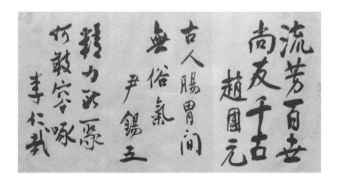

1) 필사본. 4권 2책. 저자의 화관畫觀을 포함한 한국 회화사 정립에 필요한 귀중한 자료를 수록하고, 조선 후기 문화 예술계의 동향을 밝힌 일종의 미술론으로, 1984년에 발견되어 그 문헌적 가치가 높이 평가되었다. 이 문집은 시·서·화에 모두 능해 삼절三絶로 불리던 저자가 직접 쓴 것이어서 마치 서예작품을 방불하게 한다. 저자는 이 문집을 통해서 "산천초목과 인물, 그리고 고금의 의관衣冠 및 기용器用의 제도 등에도 통달한 사람의 그림만이 참된 그림이라 할 수 있다.(두산백과사전)

2) 조영석,《관아재고觀我齋稿》(영인본), "겸재정동구애사기묘오월謙齋鄭同句哀辭己卯五月" (한국정신문화연구원, 1984) 참조.

3) 최완수, "겸재 정선 연구",《겸재謙齋 정선鄭敾 진경산수화眞景山水畵》(범우사汎友社, 1993/2000), pp. 240; pp. 266~272.

4) 이 부분에 관한 언급은 되도록 피하도록 한다. 이 조선성리학과 그 흐름 등에 관한 연구가 많이 되어 있다. 관련 서적들과 논문 등을 찾아 참조하여보기 바란다.

5) 중국 송나라의 유학자 정호程顥와 정이程頤 형제를 높여 이르는 말.

  *윤석오(尹錫五, 1912~1980), 충청남도 논산 출생. 벽초 홍명희와 위당 정인보 문하에서 수학하다가 고하 송진우의 추천으로 돈암장에 들어가 이승만 대통령의 인사담당 비서를 맡았으며, 1948년 정부수립 당시 정부 인사를 총괄하였다. 한나라당 여의도연구소 소장, 환경부장관을 지낸 윤여준(69) 전 의원의 부친이다.

III

〈인정향투란人靜香透蘭〉

추사 소심란素心蘭(불이선란) 연구의 제문제
- 강관식의 '추사 그림의 법고창신의 묘경'의 검토를 중심으로

※ 본 논고는『추사정혼秋史精魂』(도서출판 선, 2008)의 부록 편에 수록되었던 논고를 수정하여 실었음을 밝힙니다.

모암문고茅岩文庫The Moam Collection 이용수李庸銖

|목차|

▲김정희金正喜 (1786~1856), 〈인정향투란人靜香透蘭〉, 지본수묵紙本水墨, 36,0×35,7cm

이《인정향투란人靜香透蘭》작품은 추사《옥호서지 6곡병》과 더불어 추사 40대 후반이나 50대 초 작품으로 생각된다. 추사의 화제畵題 글을 살펴보면 다음과 같다.

'인정향투人靜香透'
'추사秋史'

"인적이 고요한데 향이 사무친다."
'추사'

위 화제畵題와 같이 아무 욕심 없이 마음을 비우고 인적 없는 고요한 초당에서 화제 글의 뜻과 같이 운필하여 그렸으니 마치 속세를 떠나 깊은 산속에서 단아하게 정좌하여 수도하는 모습의 고승을 보는 듯 엄숙해진다. 자연스러우면서도 이슬에 젖은 듯 정중하게 느껴지는 난엽! 아무 사심 없는 듯 공손하고 날렵하면서도 깊이 숨어 배어 있는 듯한 은은한 향기!

추사의 고아한 선비정신이 '인정향투란人靜香透蘭'으로 고고하게 피어난 듯, 또 대자연을 그려낸 듯하니 추사가 난화 치기를 기피한 속의 한 편을 읽을 수 있으며 추사의 난화 작품이 매우 귀중함을 느낄 수 있다.

서序

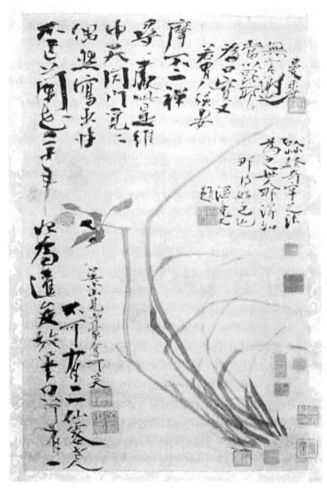

▲도 1. 김정희金正喜, 〈소심란素心蘭〉, 지본수묵紙本水墨, 55.0 x 31.1cm, 개인소장

추사의 대표작이자 추사 자신도 매우 만족하여 여러 번의 제찬을 덧붙이신 '소심란素心蘭[1](도판 1)'에 관한 기존의 연구가 많이 있어왔다. 하지만 기존의 연구들에 많은 문제점들이 눈에 띄어 그 문제점들을 하나하나 짚어보는 것이 필요하다는 생각이 들었다.

본고에서는 지금까지 추사의 '소심란素心蘭(불이선란)'에 관한 대표적 연구라고 지칭되는 강관식의 "추사 그림의 법고창신의 묘경-〈세한도〉와 〈불이선란도〉를 중심으로[2]" 논문의 검토와 그 문제점들을 제기함으로써 '소심란素心蘭(불이선란)'에 관한 기존 연구들의 재고 필요성을 말하고자 한다.

---

1) 지금까지 이 작품은 '부작난' 혹은 '불이선란'이라 불리고 있다. 현재 전하고 발견된 자료의 부족으로 이 부분에 관한 논란이 있지만, 우선 이상적의 〈은송당집〉과 오세창의 〈근역서화징〉 '추사편'에 남아 있는 문구 중 "지기평생존수묵 소심란우세한송"(오세창, 〈근역서화징〉, '추사편'; 〈국역 근역서화징(하)〉, 시공사, 1998, p. 869; p. 886)에 근거하여 이 문구의 '소심란'을 이 작품으로 보는 것이 현재로서는 타당하다는 견해를 밝혔다. (이영재, 이용수, 〈추사진묵〉, 두리미디어, 2005, pp. 171~174)

2) 정병삼 외, 〈추사와 그의 시대〉, 돌베개, 2002, pp. 209~274.

02

추사 소심란素心蘭(불이선란)

1. 강관식의 논문 중 〈불이선란(소심란素心蘭)〉 부분의 주요 내용

강관식의 위 논문은 그 소제목에서 알 수 있듯 추사의 〈세한도歲寒圖〉와 〈불이선란不二禪蘭(소심란素心蘭)〉에 관한 두 개의 주요 부분으로 나뉘어 있다. 본 소고에서는 〈불이선란(소심란素心蘭)〉 부분에 그 중심을 두어 검토하려 한다.

강관식은 이 논문에서 〈불이선란(소심란)〉의 편년을 추사가 1853년 봄(추사 68세), 흥선군에게 써준 〈난화일권蘭話一卷〉의 제발 중 "난초를 그리지 않은 지 이십여 년이 되었다"의 '이십여 년二十餘年'과 〈불이선란(소심란)〉의 화제 중 '이십 년二十年'의 의미가 〈난화일권蘭話一卷〉 '이십여 년'의 의미와 같다는 점, 또 달준이 언급된 두 편의 시고[1]의 제작시기, 추사 후손들이 편찬한 문집(완당전집)에서 〈불이선란도〉 제시 위치의 오류, 그리고 화제의 서체, 서풍과 도장 등이 추사의 만년이라 할 수 있는 1849년 8월부터 1856년 4월까지 박정진에게 보냈던 편지들을 모았다는 〈보담재왕복간〉의 글씨들, 그중 1855년 6월 3일의 편지글이 〈불이선란(소심란)〉 화제 글과 서체, 서풍 등이 거의 같다는 점 등[2]을 언급하며, 이 묵란 그림의 연대를 1855년경으로 편년하였다. 또 〈묵란도〉의 화제에 언급된 '달준達俊'이라는 인물을 추론하며, 위에서 언급했던 '달준'이라는 인물이 등장하는 두 편의 시고를 비교 추론하고, 특히 '희제증달준' 시고의 내용에 근거하여 '달준達俊'이 평민 출신의 서동이라 결론지었다. 그리고 〈묵란도〉의 마지막 화제 "呆小山見而豪奪, 可笑"를 "소산 오규일이 보고 억지로 빼앗으니 우습다."라 해석하며, 이 난초 그림을 소산 오규일이 빼앗아갔다고 결론지었다.

이 논거들을 하나하나 검토하며 이에 관한 문제점들을 지적하려 한다.

2. 강관식의 논문 중 〈불이선란(소심란)〉 근거, 내용상의 문제점

먼저 이 〈묵란도〉(도판 1)의 화제 글과 추사 68세 시(1853년) 쓰여진 〈난화일권蘭話一卷〉 부분(도판 2-1, 2-2)의 글을 비교하며 감상하여 보자. 두 글을 비교 감상하여 보면 〈묵란도〉의 화제 글은 〈난화일권〉의 화제 글에 비하여 조금 못하다는 것을 알 수 있다. 이 부분에 관한 설명과 도판은 〈난화일권〉 뒷부분의 수찰 부분 사진을 참조하기 바란다.[3] 따라서 이 〈묵란도(소심란)〉의 편년은 본래의 편년대로 〈난화일권〉의 연대인 1853년보다 앞선다고 볼 수 있

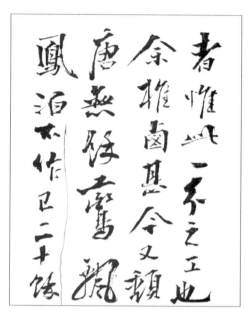

▲도 2-1. 김정희金正喜,《난화일권蘭話一券》중 부분, 규격.소장처 미상

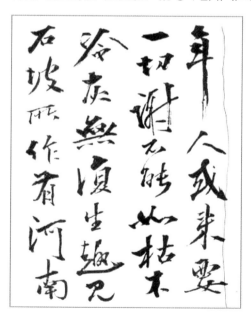

▲도 2-2. 김정희金正喜,《난화일권蘭話一券》중 부분, 규격.소장처 미상

다.[4] 따라서 '이십 년二十年'과 '이십여 년二十餘年'의 의미가 '이십여 년'으로 같다는 주장은 맞지 않는다. 따라서 추사의 제자들과 후손들이 편찬한 〈완당전집〉의 편년 -이 〈묵란도(소심란)〉의 제작시기를 1848년 12월에 제주유배에서 풀려난 후에서 1851년 다시 북청으로 유배되기 전, 노량진에서 우거하던 시기의 작품으로 본- 이 옳은 것임을 알 수 있다.[5]

이제 〈묵란도(소심란)〉 화제 글과 이글 외에 '달준達俊'이라는 인명이 언급된 시고 두 편을 살펴보자.

먼저 〈묵란도(소심란)〉의 화제 글을 추사가 쓰셨던 화제의 순서를 필치와 필획, 묵색 등을 고려하여 추측하여 순서대로 정리하여보면 다음과 같다.

1. 不作蘭畵二十年 偶然寫出性中天
   閉門覔覔尋尋處 此是維摩不二禪

"난초를 그리지 않은 것이 스무 해인데, 우연히 그렸더니 천연의 본성이 드러났네.
   문을 닫고 찾고 또 찾은 곳, 이것이 유마거사의 선과 다르지 않네."

이 화제는 지금까지 '선'에 이르는 방법을 찾아 헤매었으나 그것은 '무념무상'의 마음 상태, 즉 '평상심'의 상태가 '선'에 이르는 길이라는 가르침을 주는 문구이다. 선에 이르는 길이 먼데 있는 것이 아니라 가까이, 즉 '우리의 마음속 상념을 버리는 것에 있다'라는 뜻이다.

始爲達俊放筆 只可有一 不可有二. 仙客老人.

"애초 달준達俊이를 위하여 거침없이 그렸으니[6], 단지 한번만 있을 수 있지, 두 번은 있을 수 없다. 선객노인."

이 글로 미루어 추사와 달준의 각별한 관계를 알 수 있고, 추사의 난화 작품이 매우 귀함을 알 수 있다.

2. 若有人强要 爲口實又當以毗耶無言謝之. 曼香.

"만일 강요하는 사람이 있다면 구실을 위하여 비야리성의 유마의 무언의 사양으로 대답하겠다. 만향."

이 글 또한 함부로 난화를 치지 않은 추사의 일면을 말해주고 있다.

以草隷奇字之法爲之 世人那得智那得好之也. 漚竟又題.

"초서와 예서의 기이함을 그 법으로 삼았으니 어찌 세인들이 만족하게 알고 만족하게 좋아하겠는가. 구경이 또 제하다."

3. 吳小山見而豪奪, 可笑

"소산 오규일이 보고 좋아하며 빼앗으려 하니, 가히 우습다."

　이 부분 또한 강관식과 필자의 해석에 차이가 난다. 강관식은 "소산 오규일이 보고 억지로 빼앗으니 우습다"라고 해석하고, 소산 오규일이 이〈묵란도〉를 빼앗아간 것을 사실화하였다. 하지만 해석에 있어서도 '억지로'란 의미로 해석될만한 글이 없으며, 상식적으로 생각해보아도, 오소산(오규일)이 작품을 빼앗아간 후에 이 화제 '吳小山見而豪奪, 可笑'를 적었다고 보아야 하는데, 이는 당시 정황을 상기하여 생각하여보면 어색하기 그지없다. 빼앗기는 과정, 혹은 빼앗기기 바로 전에 이 글을 쓰셨다는 것도 쉽게 이해가 가지 않는다. 또, '가소'라는 문구의 전통적인 해석도 '가히 우습다'로서 필자 해석의 타당함을 말하여주고 있다.
　다음으로〈청관산옥靑冠山屋〉시고[7]를 살펴보자. 이 시고의 제와 마지막 부분을 살펴보면,

　　시제〈靑冠山屋夏日漫拈〉

　이 시제를 "청관산옥에서 여름날 아무렇게나 짓다"라고 해석을 했는데, 이 해석은 적당하지 않다. 이를 "여름날 청관산옥에서 한가로이(질펀하게) 짓다."라고 해석해야 옳다.

(중략) 靑冠山屋夏日漫拈, 無次聊以試腕爲達俊

이 부분의 해석을 "여름철의 천관산옥에서 운자도 없이 아무렇게나 읊어 팔을 한번 시험하며 달준에게 써주다"라고 해석을 하였으나, 이는 정확치 않은 해석이다. 이는 "여름날 청관산옥에서 한가로이 지어 다음 (다시 짓는) 없이 부족하지만 그대로(료, 애오라지) 달준을 위하여 (팔목으로) 쓰다"라고 해석해야 적당하다. 그리고 결정적으로 이 시고는 문제작(위작)으로 추사의 진작인 이 시고가 전하였고 그 진작을 보고 위작자가 모사를 한 것인지 모르겠으나, 지금의 경우로는 이 시고의 사료로서의 가치가 없다 할 수 있다.[8]

다음은 〈완당전집〉에 남아 있는 시고〈희제증달준〉을 알아보자. 이 시고의 해석도 필자의 생각으로 어색함이 느껴지지만, 기존의 해석을 따른다고 하여도 강관식의 논거는 미약하다 할 수 있다. 이 시고는 제목대로 "장난으로 지어 달준에게 주다" 등으로 그 풀이가 가능한바 이 시고의 내용을 그대로 받아들이기에는 문제가 있다는 생각이 든다. 이 시고에서 '봉두'를 '쑥대머리'로 풀이하며, 소외양간과 돼지우리 옆에 쑥대머리를 하고 앉아 있는 모습을 유추하여, '달준'을 평민 출신의 서동으로 단정 지었으나, 필자의 생각으로 이는 앞서 지적한 대로 추사가 희롱삼아(장난삼아) 지은 시구로 아마도 달준이라는 인물의 머리가 무척 큰 것을 빗대어 '봉두'로 표현한 것이 아닌가 하는 생각이 든다. 이 시고에 관한 심도 있는 재해석이 필요한 것 같다.

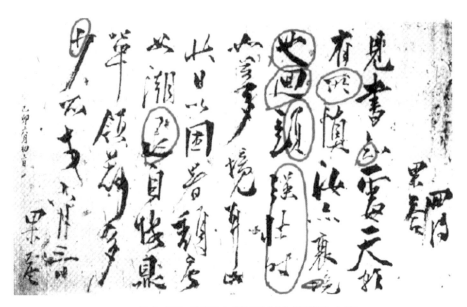

▲도 3. 위작, 〈1855년 6월 3일 보담재왕복간 수찰〉

▲도 4. 김정희金正喜, 〈추사 43시 시 수찰 '가친서제'〉, 지본수묵紙本水墨

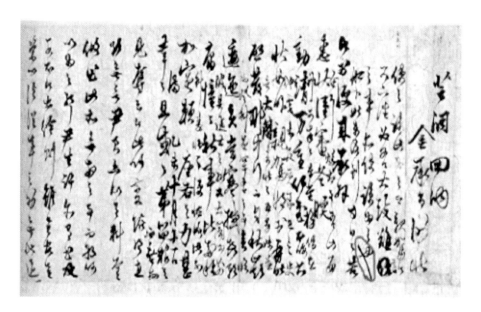

▲도 5. 김정희金正喜,〈추사 50시 시 수찰 '답지동'〉, 지본수묵紙本水墨

또, 강관식은 이〈묵란도(소심란)〉화제 글과《보담재왕복간寶覃
齋往復簡》중 1855년 6월 3일 수찰(도판 3)이 그 필치가 거의 같다
는 이유를 들며 이〈묵란도(소심란)〉의 편년을 같은 시기로 보고 있
으나 두 글이 차이가 난다는 점을 앞에서 도판을 들어 설명을 했
다. 이 외에 이 보담재왕복간 수찰(도판 3)을 살펴보니 문제가 있는
작품으로 보인다. 이 작품의 작자와 배자가 그럴싸하고 율동감 있
는 획들로 씌어져 있으나 추사의 글들과는 큰 차이가 남을 알 수
있다. 표시(O)한 글들의 획들을 살펴보면, 거의가 죽은 획(死劃)들
로 추사의 획들과는 큰 차이가 있음을 알 수 있다. 쉬운 예로 이 위
작에 표시(O)한 '야(也)' 자를 추사 43세 시 편지로 생각되는〈가친
서제〉(도판 4)와 추사 50세 시 글로 생각되는〈답지동〉(도판 5)의

'야(也)' 자와 비교하며 살펴보면 그 작자, 획, 그리고 생동감에 있어 극명한 차이를 쉽게 알 수 있다. 즉, 대부분 위작 '야'와 같이 마지막 획을 죽 그어 작자하지 않았으며, 매우 드물게 〈답지동〉(도판 5)에서 볼 수 있듯 이와 같이 작자 하였어도 그은 획의 시작과 끝이 뭉개지고 죽지 않고 살아 있음을 볼 수 있다.

마지막으로 강관식은 1855년경 추사가 권돈인에게 보낸 수찰의 내용 중 운구한민과 남호영기 두 분 스님이 대원을 발하여 〈화엄경 華嚴經〉을 간행하려 하고 있어 그 뜻이 가상하다는 내용을 지적하고 다음해 봉은사 판전을 신축하고 이 화엄경을 봉안한 것을 근거로 역시 이 〈묵난도(소심란素心蘭)〉의 편년을 1855년으로 보고 있다. 하지만 이 편지의 내용 "당시 두 스님께서 화엄경을 간행하려 하고 있다"로 미루어 아직 간행이 시작되지 않았음을 알 수 있고, 당시의 상황으로 미루어 화엄경 간행과 판전의 축수작업이 시작되고 완성됨까지 족히 수년(4~5년)은 걸릴 것으로 생각되는바, 필자의 편년대로 추사 60대 중반(1849~1851)으로 보는 것이 타당하다고 생각된다.

1) 〈천관산옥〉시고와 〈회제증달준〉 시.

2) 이 외에도 묵란도에 찍혀 있는 '추사'와 '고연재' 인장들이 간송장 〈강간다시조인거〉, 권돈인 〈세한도〉에 동일하게 찍혀 있는 점, 그리고 과천시절 추사가 권돈인에게 보낸 편지의 내용('운구한민'과 '남호영기' 두 스님이 화엄경을 간행하려 한다는 내용) 등을 이 〈묵란도〉의 편년(1855년경)의 근거로 들고 있다.

3) 이영재·이용수, 〈추사진묵〉, 두리미디어, 2005, pp. 60~71.

4) 물론 강관식의 지적대로 〈완당전집〉에 연대기적으로나 사료 자체의 정확성에 있어서도 문제점이 있다는 것은 정확한 사실이다. 하지만 정확한 고증 없이 〈완당전집〉의 편집 오류를 지적하며, '이십 년'과 '이십여 년' 의미의 동일을 주장하는 것은 큰 논리적 비약이 아닌가 싶다.

5) 이영재·이용수 〈추사진묵〉, 두리미디어, 2005, pp. 171~174 참조.

6) '방필'의 뜻을 강관식은 '달준'이 평민 서동이라는 생각을 미리 가지고 있었던 듯, 이 가설을 뒷받침하기 위하여 '아무렇게나 그려주었다'로 해석하였으나 이는 옳지 않은 해석이라는 생각이 든다. 이 '방필'의 의미는 '아무렇게나, 격이 없게' 등의 의미가 아니라 '거침없이, 자신 있게 거리낌 없이' 등으로 해석함이 타당하다는 생각이다.

7) 유홍준, 〈완당평전 2〉, 학고재, 2002, p. 652; 동산방, 학고재, 〈완당과 완당바람〉, 동산방, 2002, pp. 139~140.

8) 이영재·이용수, 〈추사진묵-추사 작품의 진위와 예술혼〉, 두리미디어, 2005, pp. 258~259 참조.
덧붙여 (이 시고의 사료적 가치를 인정한다고 하더라도) 강관식은 이 시고의 내용을 근거로 이 당시 천관산옥에서 달준이 직접 추사를 모셨고, 이에 추사가 이 시를 지어 직접 '달준'에게 주었다고 주장했으나 이는 근거가 없는 주장이다. '시완위달준'의 의미는 '써서 직접 주다'라는 의미라기보다 '써서 (우편 등으로) 보내주다'라는 뜻으로 보는 것이 더욱 타당할 것 같다.

03

결結

이상으로 강관식의 논문을 중심으로 기존의 〈묵란도(불이선란)〉에 관한 연구를 검토해보고 그 문제점들을 지적했다.

따라서 이 추사의 〈묵란도〉는 제주 유배에서 풀리고 얼마 후, 추사 60대 중반에 그리신 작품으로 보는 것이 타당하다고 생각된다. 화제 및 관서의 필획과 특히 '구경우제漚竟又題'라는 관서가 또 이를 증명해준다.

세간에 '부작난不作蘭' 혹은 '불이선란不二禪蘭'이라 불리고 있는데 이는 모두 잘못된 명칭이라고 생각된다. 이 작품은 '소심란素心蘭'이라 불리어야 한다. 그 이유를 설명하면 다음과 같다.

《근역서화징槿域書畵徵》추사 편을 자세히 살펴보면 추사의 고제인 우선 이상적이 그의 문집〈은송당집恩誦堂集〉에 이러한 시구를 남긴 것을 알 수 있다.

(중략)

知己平生存手墨 素心蘭又歲寒松

"평생 나를 알아주신 수묵이 있으니 '소심란'과 '세한송'이라.[1]"

추사께서 돌아가시자 이상적이 눈물을 흘리며 지은 시로 진실한 사제 간의 관계를 보여주어 현대에 시사하는 바도 크다 할 수 있다. 또 '소심란'의 의미를 알아보면 '빈마음의 난, 무념 난' 등으로 그 풀이가 가능한바, '우연히 그렸더니 천연의 본성이 드러났네'라는 화재와도 부합됨을 알 수 있다. 따라서 '吳小山見而豪奪 可笑'라는 문구의 해석도 '오소산이 보고 좋아하며 빼앗으려 하니 가히 우습다'가 되어야 할 것이다. 따라서 이 난초를 소산 오규일이 빼앗아갔다는 일화도 잘못된 것임을 알 수 있다. '始爲達俊放筆 只可有一不可有二. 仙客老人'이라 제하신 것으로 보아 이 작품은 달준에게 작품 해주었는데 이로써 달준이라는 인물을 다른 뚜렷한 사료가 나오기 전까지 우선藕船 이상적李尙迪으로 보는 것이 마땅하다고 생각한다.

또 '병거사病居士', '居士거사'라 관서된 간송미술관 소장 〈난맹첩〉(《추사정혼》도 177, 도 178)을 이 〈소심란〉과 비교하였는데 이는 적당하지 않다. '병거사'나 '거사'의 호는 추사가 아닌 평생지기이자 제자인 이재 권돈인의 호이다[2]. 이재 권돈인도 추사 못지않게 불가의 교리와 경전에 밝으셨고 불심이 깊었던바 '병거사'나 '거사'의 호를 사용하셨다는데 별 문제점이 보이지 않는다. 책의 전문을 보고 더욱 깊은 연구가 필요하다고 생각되지만, 추사가 〈난맹첩〉[3]을 '명훈茗薰'이라는 기녀에게 그려주었다는 것은 쉽게 이해가 가지 않는다.[4] 이 난맹첩의 화제 글씨들을 〈완염합벽〉의 권돈인 글씨와 추사 글, 그리고 추사의 43세(도판 4), 50세 시 편지글(도판 5)과 비해보아도 그 획의 차이를 확연히 느낄 수 있다. 여타 다른 권돈인, 추사의 진작들과도 비교하여 보기를 바란다.

---

1) 오세창 편저,〈국역 근역서화징 하〉, 시공사, 1999, p. 869; pp. 885~886.
이〈국역 근역서화징〉의 해석이 잘못되었다. 이 부분을 "……그 본디 마음은 난초요 또 세한송이다"로 풀이했으나, 이 부분을 "평생 나를 알아주신 수묵이 있으니 '소심란'과 '세한송'이다"라 풀이해야 마땅하다.

2) 이영재·이용수,〈추사진묵-추사 작품의 진위와 예술혼〉, 두리미디어, 2005, pp. 72~78; pp. 278~279.
'병거사'의 의미는 "매우 불심이 깊은 거사" 등의 풀이가 타당하다는 이영재 선생님의 지적으로, 강관식의 "조선의 유마거사"의 해석도 가능하게 생각된다.

3) 이〈난맹첩〉은 추사가 '명훈茗薰'이라는 기생에게 주었다고 전하는데, 이 '명훈茗薰'이라는 인물에 관하여도 더욱 깊은 연구가 필요하다고 생각된다.

4) 2006년 국립중앙박물관에서 발행한 전시도록〈추사 김정희 학예일치의 경지〉의 뒷부분(전시도록 pp. 363~366 참조)을 살펴보면, 국립중앙박물관 소장품인〈완당소독阮堂小牘〉첩 등을 통한 '명훈茗薰'에 관한 추론이 실려 있다. 의미가 있는 자료의 발견이라 생각되지만 문제점들이 눈에 띈다. 대표적으로 이〈완당소독〉간찰첩은 추사의 편지글만이 아닌 추사의 편지와 이재 권돈인의 편지가 섞여 있다. 추사의 편지보다 오히려 이재의 편지가 훨씬 많다. 이 첩 안에 5장의 피봉(편지봉투)이 전하는데, 이 피봉들에서의 '명훈茗薰'의 표기가 '명훈茗薰(茗薰)', '명훈命勳'으로 다르게 쓰여 있다. 자세히 살펴보니 '명훈茗薰(茗薰)'이라 쓰여 있는 글은 이재 권돈인의 글씨이고, 추사는 '명훈命勳'이라 적었다. 다음 권에서 이〈완당소독〉에 관한 자세한 설명을 전도판과 함께 수록하기로 한다. 따라서〈난맹첩〉(간송미술관)에 수록된 글 '거사증명훈居士贈茗薰('거사居士'가 '명훈茗薰'에게 그려주다)'라는 글을 근거로 이〈난맹첩〉을 추사의 작품으로 보는 것은 잘못된 것임을 알 수 있다.(《추사정혼》도 177, 도 178 설명 참조)